300 tests
D'ANGLAIS

Anthony BULGER

ASSiMiL®

Module 1
BASICS

Focus *To be* (indicatif) et formes contractées

Corrigé page 11

Complétez à l'aide de la forme complète du verbe ***to be*** (être).

1. We _____ all from London.

   A is B are C am

2. I _____ English, from Liverpool.

   A am B is C are

3. How _____ you today?

   A am B is C are

4. You _____ very kind.

   A is B are C am

5. It _____ a nice day.

   A is B am C are

6. He _____ an interesting person.

   A are B am C is

Astuce **It** est le pronom personnel neutre de la troisième personne du singulier. Il est à la fois sujet et complément. Étant donné que les noms anglais n'ont pas de genre, **it** est utilisé pour tout ce qui n'est pas de sexe masculin ou féminin. C'est aussi un pronom impersonnel, qui correspond souvent à *ce* en français ou encore au *il* impersonnel : **It's a nice day**, *C'est une belle journée, Il fait beau.*

Maintenant, choisissez la bonne forme « contractée » de ***to be*** (être).

1. (He is) an interesting person.

   A H'es B He's C Hes

2. (We are) in London for the weekend.

   A We're B Were C Wer'e

3. (I am) Steve Dyson. Who are you?

   A I'm B Im C Im'

4. (You are) right.

(A) Your (B) You'r (C) You're

5. (They are) good friends.

(A) The're (B) They're (C) Their

Astuce La contraction se forme en escamotant la voyelle initiale dans la forme contractée du verbe. Le pronom, lui, ne change pas.

Focus *To be* (négatif) et formes contractées

Complétez à l'aide du verbe **to be** *à la forme négative sans contractions.*

1. Edinburgh _____ in Wales.

(A) is in not (B) not are (C) is not

2. You _____ my friend.

(A) are not (B) is not (C) not are

3. I _____ here for the party.

(A) not am (B) am not (C) is not

4. We _____ interested in politics.

(A) is not (B) not is (C) are not

Maintenant, mettez la forme négative contractée de **to be**. *Rappelons qu'il y a deux formes possibles pour chaque pronom – sauf un !*

1. They _____ on holiday this week.

(A) arent (B) arn't (C) aren't (D) 're not

2. Sam _____ married to Sally.

(A) is'not (B) isn't (C) aren't (D) 's not

3. I _____ from the city of Birmingham.

(A) m'nt (B) 'not (C) 'mn't (D) 'm not

4. You _____ not too early.

(A) isn't (B) ain't (C) 're not (D) aren't

5. I hope we _____ late.

(A) aren't (B) are'nt (C) 're not (D) ren't

Astuce La contraction négative de **to be** et de certains autres auxiliaires se forme de deux façons : soit en supprimant la voyelle du verbe et en accolant la ou les consonnes au pronom (ou nom) sujet **(we're not French, Etienne's not English)** soit en reliant le verbe et l'adverbe de négation **not**, dont on supprime la voyelle **(Etienne isn't English, he isn't English, we aren't French)**.

Focus Les formes interrogatives de *to be*

Corrigé page 11

Formulez les phrases suivantes à la forme interrogative.

1. Mike and Lisa are from Cambridge.

(A) Is Mike and Lisa from Cambridge?

(B) Mike and Lisa are from Cambridge?

(C) Are Mike and Lisa from Cambridge?

2. He is Sarah's cousin.

(A) Is Sarah his cousin?

(B) He's Sarah's cousin?

(C) Is he Sarah's cousin?

3. Her name is Jean McDonald.

(A) Is her name Jean McDonald?

(B) Is Jean McDonald is name?

(C) Jean McDonald her name is?

4. We're very tired!

(A) Is we very tired?

(B) Are'we very tired?

(C) Are we very tired?

Astuce La forme contractée n'est pas utilisée lorsqu'on pose une question.

Formulez les phrases suivantes à la forme interro-négative.

1. She's French.
   - A Is she French?
   - B Is not she French?
   - C Isn't she French?

2. I am an uncle.
   - A An't I an uncle?
   - B Am I not an uncle?
   - C Ins't I an uncle?

3. Sam and Dave are brothers.
   - A Sam and Dave aren't brothers?
   - B Aren't Sam and Dave brothers?
   - C Are Sam and Dave brothers?

4. We're very late for the movie.
   - A We're not very late for the movie?
   - B Aren't we very late for the movie?
   - C We aren't very late for the movie?

Focus Les « tags »

Choisissez le bon « tag » pour compléter les réponses suivantes. (Plusieurs réponses sont parfois possibles.)

1. Is Dave a grandfather? – Yes _____.
   - A he's
   - B he am
   - C he is

2. Are they in the garden? – No _____.
   - A they not
   - B theyrn't
   - C they aren't
   - D they're not

3. Are we lost? – No _____.

A we're not B we aren't C we isn't D we is not

4. Are they interested in sport? – Yes _____.

A they is B they are D are they

5. Are you happy? – Yes _____.

A I'm B I am D we are

Ajoutez le bon « tag » pour compléter les questions suivantes :

1. It's very difficult, _____?

A it's not B it isn't C isn't it

2. She isn't your wife, _____?

A isn't she B is she C is she not

3. I'm right, _____?

A aren't I B am I C amn't I

Astuce À la forme négative, il y a deux possibilités pour former les « tags » (ou « question tags ») en fin de phrase : on fusionne soit le verbe **to be** et la négation **(he isn't)**, soit le verbe et le pronom, laissant **not** entier **(he's not)**. Le sens, lui, ne change pas. La règle de base est : verbe affirmatif, « tag » négatif ; verbe négatif, « tag » affirmatif.

Focus Les mots interrogatifs commençant par *wh-*

Corrigé page 11

Choisissez le bon adverbe interrogatif.

1. _____ is your husband?

A Where B When C Why

2. _____ are you sad?

A What B Why C Who

3. _____ is your name, please?

A Who B What C Where

4. _____ is over there in the corner?

   A Why   B When   C Who

5. _____ of these films is your favourite?

   A Where   B Which   C What

6. _____ is your plane?

   A When   B What   C How

7. _____ is the man over there with the kids?

   A Whom   B Who   C What

8. _____ are you? – Very well, thank you.

   A Who   B Where   C How

Astuce La lettre « h » étant muette dans les adverbes interrogatifs, chaque mot commence par le son [w] (prononcé [ouë]) – sauf **how**, dont la première lettre doit être est aspirée.

Focus Les prépositions et les articles

Utilisez la bonne préposition ou le bon article, si nécessaire.

Corrigé page 11

1. This is my nephew. He's _____ Liverpool.

   A at   B from   C to

2. We live _____ a big house.

   A in   B at   C for

3. I'm here _____ my children.

   A at   B with   C it

4. The meeting is _____ Monday.

   A in   B at   C on

5. I'm hungry. I want _____ apple.

   A a   B an   C *rien*

6. This is a photograph _____ my daughter.

   A of   B at   C *rien*

7. We're _____ holiday.
   - A in
   - B on
   - C to

8. My parents are _____ home this week.
   - A in
   - B at
   - C *rien*

9. This is _____ article about language.
   - A an
   - B a
   - C *rien*

Verbes

to be *être* (auxiliaire des temps progressifs ou continus)

I am *je suis*	**we are** *nous sommes*
you are *tu es / vous êtes*	**they are** *ils/elles sont*
he/she/it is *il/elle/*neutre *est*	

to hope	*espérer*
to want	*vouloir*
to be late	*être en retard*
to be early	*en avance*
to be lost	*être perdu*
to be interested (in)	*être intéressé (par)*
to be tired	*être fatigué*
to be on holiday	*être en vacances*
to be married (to)	*être marié (à)*
to be hungry	*avoir faim*
to be cold	*avoir froid*
to be right	*avoir raison avoir raison*

Noms

apple	*pomme*
corner	*coin* (pensez au foot : *un corner = un coup de pied de coin*)
day	*jour*
favourite	*préfére*
film (GB) / movie (US)	*film*
friend	*ami(e)*
holiday	*vacances*
home / at home	*maison / à la maison* (« chez soi »)
house	*maison*
language	*langue* (moyen de communication)
name	*nom*
photograph/photo	*photographie / photo*
plane	*avion*
today	*aujourd'hui*
Wales	*pays de Galles*
week	*semaine* (voir Module 3)

Famille

child/children	*enfant/s*
husband	*mari*
kid	*enfant, gamin*
parent	*parent* (père, mère)
wife	*femme* (épouse)

Module 1
VOCABULARY

Adjectifs*

big	*grand*
English	*anglais* (nationalité, toujours avec une majuscule)
French	*français* (nationalité, toujours avec une majuscule)
good	*bon*
happy	*heureux*
kind	*gentil*
nice	*gentil, sympa*
sad	*triste*
tired	*fatigué*

* Les adjectifs anglais n'ont ni genre ni pluriel. Pour la traduction, nous ne donnons que le masculin singulier.

Note La liste de vocabulaire présentée à la fin de chaque module reprend quelques mots et expressions vus dans les exercices. Les homonymes ne sont pas répertoriés. Pour la plupart, ce vocabulaire est commun à l'anglais britannique et américain ; les différences éventuelles sont signalées. Cependant, certains américanismes – par exemple **movie** au lieu de **film** – ont fait souche chez les Britanniques (et d'autres anglophones) et nous vous les indiquerons au fur et à mesure.

Module 1
CORRIGÉ

VOTRE SCORE :

Basics

PAGE 2

To be (indicatif) et formes contractées 1 B | 2 A | 3 C | 4 B | 5 A | 6 C

1 B | 2 A | 3 A | 4 C | 5 B

PAGES 3-4

To be (négatif) et formes contractées

1 C | 2 A | 3 B | 4 C

1 C et D | 2 B et D | 3 D* | 4 C et D | 5 A et C

* Une seule forme possible.

PAGES 4-5

Les formes interrogatives de **to be**

1 C* | 2 C | 3 A | 4 C

1 C | 2 B** | 3 B | 4 B

* En anglais, comme en français, on peut souvent poser une question en élevant le ton de la voix à la fin d'une phrase affirmative (*C'est ton frère ?*) mais le but de ce livre est de vous aider à assimiler la grammaire normative.

** Il n'y a pas de contraction possible de la première personne négative ou interro-négative de **to be**. Cela dit, en anglais familier, il existe une forme incorrecte mais courante, **ain't**, que l'on trouve entre autres dans la musique populaire ou en argot. Évitez de l'employer (à moins de composer une chanson de blues) !

PAGES 5-6

Les « tags »

1 C | 2 C et D | 3 A et B | 4 B | 5 B

1 C | 2 B | 3 A

Astuce : Rappelons qu'il n'y a pas de contractions pour les « tags » affirmatifs.

PAGES 6-7

Les mots interrogatifs commençant par **wh-**

1 A | 2 B | 3 B | 4 C | 5 B | 6 A | 7 B* | 8 A

* Dans un registre soutenu, le pronom **whom** s'emploie pour un complément d'objet direct ou indirect. Cependant, en anglais courant – aussi bien écrit que parlé – il est remplacé par **who**.

PAGES 7-8

Les prépositions et les articles

1 B | 2 A | 3 B | 4 C | 5 B | 6 A | 7 B | 8 B | 9 A

Vous avez obtenu entre 0 et 15 ? Reprenez chaque question en regardant les endroits où vous avez fait des erreurs.

Vous avez obtenu entre 16 et 31 ? C'est très moyen, mais ne vous découragez pas.

Vous avez obtenu entre 32 et 47 ? Formidable ! Analysez les erreurs et, si besoin, révisez la ou les notions que vous ne maîtrisez pas complètement.

Vous avez obtenu 48 et plus ? You're really very good!

Module 2
BASICS

Focus Le pluriel

Corrigé page 20

Mettez ces noms à la forme plurielle.

1. I have some _____ for you.
   (A) question (B) questiones (C) questions

2. The shop sells leather _____ and _____.
   (A) handbags – briefcasies (C) handbags – briefcases
   (B) handbags – briefcasses

3. Please accept my _____.
   (A) apologies (B) apologys (C) apologes

4. London _____ are red.
   (A) bus (B) buses (C) busies

5. Tom and Sandra have three _____.
   (A) childs (B) childes (C) children

Astuce Le pluriel d'un nom se forme normalement en ajoutant un **-s** à la fin (**question → questions**). Si le mot se termine déjà par un **-s**, il faut ajouter **-es (bus → buses)**. Contrairement au français, ce « s » terminal se prononce, normalement comme un [z]. Les noms se terminant avec une consonne suivie de **y** forment leur pluriel avec **-ies (apology → apologies)**. Il existe aussi quelques pluriels irréguliers, par exemple **child**, *(enfant)* **→ children**.

Maintenant, parlons de l'âge.

1. How old _____ you?
   (A) have (B) be (C) are

2. This is my son. He _____ twenty-two.
   (A) is (B) has (C) are

3. _____ you twenty-one? – No, I _____ only twenty.
   (A) Have – 've (B) Are – are (C) Are – am

Astuce En anglais, on « est » son âge ! Dans ce contexte, nous utilisons le verbe **to be** pour traduire *avoir*, sans préciser la notion d'années : **I am twenty**, *J'ai 20 ans*. Nous retrouvons cette substitution de **to be**, *avoir* dans d'autres tournures.

Focus *To have* (indicatif)

Corrigé page 20

Conjuguez le verbe à l'affirmatif.

1. We _____ some questions to ask you.
   (A) has (B) have (C) had

2. Alex _____ three children: two boys and a girl.
   (A) has (B) have (C) had

3. I _____ some work to do tonight. Are you free tomorrow? – No, I'm not.
   (A) has (B) is (C) have

4. They're late. They _____ an appointment at eight o'clock.
   (A) has (B) have (C) had

5. I think that we _____ a good opportunity to win the match.
   (A) have (B) hid (C) has

Astuce Il est possible d'employer la forme contractée du verbe **(have → 've ; has → 's)**. Cependant, pour un débutant, il est préférable de garder la forme complète afin d'éviter le risque de confusion, car la troisième personne du singulier de **to be** est identique à celle de **to have (-'s)**.

Focus Les adjectifs possessifs singuliers et pluriels

Choisissez le bon adjectif possessif singulier.

1. Are you ready to go? Here are _____ keys. – Thanks.
   (A) you're (B) your (C) you

2. That belongs to Frank. It's _____ mobile phone.
   (A) his (B) her (C) he

3. But this belongs to Susan. It's _____ phone.
   (A) his (B) her (C) she

4. Where are ____ shoes and where is ____ handbag? – They're here.
   (A) me – me (B) my – my (C) mys – my

Module 2
BASICS

Astuce L'article défini, invariable, est utilisé pour désigner un objet ou une personne identifiable d'après le contexte ou une situation donnée (par ex. **the conference** = *celle à laquelle je me rends*) ou encore quelque chose d'unique (**the Moon**, *la lune*). Il n'est pas utilisé avec un nom général (**music**, *la musique*) ni avec des noms de pays au singulier (**Italy**, *l'Italie*).

Focus Les chiffres et les nombres

Corrigé page 20

Sélectionnez la bonne forme en toutes lettres des chiffres/nombres donnés.

1. 7
   A nine B seven C eight

2. 12
   A two B twelve C thirteen

3. 3
   A two B thirteen C three

4. 18
   A fifteen B eighteen C canteen

5. 1
   A ounce B once C one

6. 2
   A ten B too C two

7. 15
   A five B fifteen C twelve

8. 8
   A six B eight C ate

9. 19
   A nineteen B sixteen C nine

10. 4
   A five B four C for

11. 10
   A ten B teen C fifteen

12. 5

(A) fine (B) five (C) fifteen

Astuce Le suffixe **-teen** est une déformation de **ten**, *dix*. Ajouté aux nombres de 13 à 19, il indique la *dizaine* **(fourteen = four + ten = 14)**. **A teenager** est un adolescent dont l'âge est compris plus ou moins entre 13 **(thirteen)** et 19 **(nineteen)** ans.

Verbes

to have *avoir*

I have *j'ai*	**we have** *nous avons*
you have *tu as / vous avez*	**they have** *ils/elles ont*
he/she/it has *il/elle/*neutre *a*	

to ask	*demander* (à)
to belong (to)	*appartenir* (à)
to go	*aller*
to live	*vivre, habiter*
to love	*aimer*
to sing	*chanter*
to thank	*remercier*
to win	*gagner* (concours, etc.)
to work	*travailler, fonctionner*

Adverbes, pronoms, etc.

something **anything**	*quelque chose* (affirmatif) *quelque chose* (négatif/interrogatif)
only	*seulement* (adverbe), *seul* (adjectif)
there	*là*

next	*prochain*
quite	*plutôt, assez*
really	*vraiment, réellement*

Noms

apology	*excuses*
book	*livre*
boy	*garcon*
briefcase	*serviette, porte-documents*
business	*affaires* (activité professionnelle)
conference ✋!	*colloque*
door	*porte*
girl	*fille*
handbag	*sac à main*
house	*maison*
key	*clé* (porte, etc.)
leather	*cuir*
man	*homme*
person (pl. **people**)	*personne, gens*
phone **mobile phone** (GB), **cellphone** ou **cell** (US)	*téléphone* (apocope de **telephone**) *téléphone portable* (« cellulaire »)
shop	*magasin, boutique* (pensez à *échoppe*)
thing	*chose, truc*
tomorrow	*demain*
woman	*femme* (sexe féminin)
work	*travail*

Adjectifs

comfortable	*confortable* (notez l'orthographe)
desk	*bureau* (meuble)
evening	*soir, soirée*
expensive	*cher* (onéreux)
famous ✋!	*célèbre*
free	*gratuit, libre*
new	*nouveau*
noise	*bruit*
old	*vieux, âgé*
pleasure	*plaisir*
ready	*prêt*
red	*rouge*

Expressions

Please	*S'il te / vous plaît*
Thank you, Thanks	*Merci , Merci* (familier)
Hello	*Bonjour*
Hi	*Salut*
Please accept my apologies.	*Veuillez m'excuser.* (« accepter mes excuses »)
How old are you?	*Quel âge as-tu / avez-vous ?*
Are you free?	*Êtes-vous libre ?*
Nice to meet you.	*Enchanté.* (« gentil de vous rencontrer »)

✋! Ce symbole signale un faux-ami (mot anglais identique ou ressemblant à un mot français mais de sens différent).

Module 2
CORRIGÉ

VOTRE SCORE :

Basics

PAGE 12
Le pluriel ; L'âge
1 C | 2 C | 3 A | 4 B | 5 C
1 C | 2 A | 3 C

PAGE 13
To have (indicatif)
1 B | 2 A* | 3 C | 4 B* | 5 A
* **Had** est faux ici car c'est le passé simple.

PAGES 13-14
Les adjectifs possessifs singuliers et pluriels
1 B | 2 A | 3 B | 4 B
1 A | 2 A | 3 B

PAGES 14-15
Les adjectifs démonstratifs (**this**, **that**, **these**, **those**)
1 A | 2 C | 3 C | 4 A | 5 B | 6 B | 7 C | 8 A | 9 A

PAGE 15
L'article défini (**the**)
1 A | 2 A | 3 B | 4 A | 5 B | 6 A | 7 A | 8 C | 9 C

PAGES 16-17
Les chiffres et les nombres
1 B | 2 B | 3 C | 4 B | 5 C | 6 C | 7 B | 8 B | 9 A | 10 B | 11 A | 12 B

Vous avez obtenu entre 0 et 12 ? Reprenez chaque question en regardant les endroits où vous avez fait des erreurs.
Vous avez obtenu entre 13 et 25 ? C'est très moyen, mais ne vous découragez pas.
Vous avez obtenu entre 26 et 38 ? Formidable ! Analysez les erreurs et, si besoin, révisez la ou les notions que vous ne maîtrisez pas complètement.
Vous avez obtenu 39 et plus ? You're really very good!

Focus Le présent simple affirmatif

Corrigé page 31

Choisissez la bonne forme conjuguée.

1. She _____ her bread from a bakery on the high street.
   (A) buy (B) buys (C) buyes
2. The petrol station is on Smith Street. You _____ left at the next traffic light.
   (A) turn (B) turns (C) turning
3. I don't know what they _____.
   (A) mean (B) means (C) meane
4. The file _____ ten minutes to download and a day to open!
   (A) take (B) taks (C) takes

Choisissez la bonne forme conjuguée.

1. The prime minister is a happy person who is optimistic but who _____ a lot!
   (A) worry (B) worries (C) worrys
2. My colleague never _____ business and pleasure.
   (A) mixes (B) mixies (C) mix
3. The train _____ through the London suburbs and arrives at Saint Pancras.
   (A) pass (B) passes (C) past
4. The screen on my computer _____ blank after twenty seconds.
   (A) gos (B) goes (C) goses

Astuce Si le verbe se termine par **-s**, **-sh**, **-ch**, **-x** ou **-o** (principalement **to go**, *aller*, et **to do**, *faire*), on ajoute un **e** devant le **s** qui marque la troisième personne. Un **y** terminal se change en **e** avant cet ajout.

Focus *Some / Any*

Ajoutez le mot manquant, le cas échéant.

1. I want _____ tea and _____ bread and butter, please.
   (A) some – any (B) any – some (C) some – some

Corrigé page 31

2. She hasn't got _____ money, and the cash machine is empty.

A any B some C a

3. If you're hungry, there _____ apples in the fridge.

A are some B are any C is some

4. Is there _____ milk for my coffee? – I'm sorry, I don't have _____.

A some – any B any – any C any – some

5. Are there ____ supermarkets near here? No, but there's ____ corner shop on West Street.

A any – some B some – any C any – a D some – an

6. We haven't got _____ time. _____ businessman wants to see us.

A some – Any B any – A C some – Some

7. There are _____ new bakeries on the High Street.

A some B any C *rien*

8. Ah, but is there _____ bank?

A a B any C some

9. I must buy _____ sugar. There isn't _____ in the cupboard.

A a – any B some – some C some – any

Astuce Utiliser **any** dans une interrogation signifie que l'on ne peut pas préjuger de la réponse alors que **some** implique généralement l'attente d'une réponse positive.

Focus *There is / There are* pour traduire « il y a »

Complétez ces phrases avec la ou les formes correctes.

1. _____ a cash machine in the supermarket.

A There is B There are C There's

2. I'm afraid _____ no classes this week.

A there is B there are C there're

3. _____ not a coffee shop near here.
   - (A) There is
   - (B) There are
   - (C) There's

4. _____ twenty people on the list for tickets the show.
   - (A) There is
   - (B) There's
   - (C) There are

Choisissez la ou les bonnes formes négatives ou interrogatives. (Plusieurs réponses sont parfois possibles.)

Corrigé page 31

1. _____ a bank near here?
   - (A) There is
   - (B) Is there
   - (C) Are there

2. _____ any jobs available at the moment.
   - (A) There is no
   - (B) There aren't
   - (C) There isn't

3. _____ a big difference between the two airlines in terms of price.
   - (A) There isn't
   - (B) Their isn't
   - (C) There is not

4. _____ many tourists in Oxford in the autumn and winter?
   - (A) Are there
   - (B) Is there
   - (C) Isn't there

Focus Les jours de la semaine

Quelle est la bonne traduction ?

1. mercredi
   - (A) Wensday
   - (B) Wednesday
   - (C) Friday

2. lundi
   - (A) Moonday
   - (B) Monday
   - (C) Munday

3. vendredi
   - (A) Firday
   - (B) Wednesday
   - (C) Friday

4. jeudi
   - (A) Thorsday
   - (B) Tuesday
   - (C) Thursday

5. mardi
   - (A) Thursday
   - (B) Twosday
   - (C) Tuesday

Corrigé page 31

6. samedi et dimanche
   - A Sunday and Saturday
   - B Saturday and Sunday
   - C Saturdae and Sundae

Astuce Les jours de la semaine commencent tous avec une majuscule et se terminent en **-day**, c'est-à-dire le *jour* – exactement comme la terminaison *-di* en français.

Focus Les nombres ordinaux

Transformez ces nombres cardinaux en ordinaux :

1. 1
   A oneth — B onest — C first
2. 2
   A twoth — B second — C twost
3. 3
   A threeth — B third — C threest
4. 4
   A fourst — B first — C fourth
5. 8
   A eighst — B eigth — C eighth
6. 9
   A ninth — B nineth — C ninest
7. 5
   A fiveth — B fivth — C fifth

Focus Les adjectifs

Chaque phrase utilise l'adjectif annoncé. Laquelle est correcte ?

1. big
   - A My aunt and uncle own big house in a suburb of Manchester.
   - B My aunt and uncle own a house big in a suburb of Manchester.
   - C My aunt and uncle own a big house in a suburb of Manchester.

2. young
   - **A** They have three youngs children who all go to primary school.
   - **B** They have three young children who all go to primary school.
   - **C** They have three young childs who all go to primary school.

3. small
   - **A** The supermarket on West Street is small and closes at the weekend.
   - **B** The supermarket is small on West Street and closes at the weekend.
   - **C** The supermarket small is on West Street and closes at the weekend.

4. easy
   - **A** This is easy question: what's the French word for "bank"?
   - **B** This is a easy question: what's the French word for "bank"?
   - **C** This is an easy question: what's the French word for "bank"?

5. strong
   - **A** You have an accent strong. Where are you from?
   - **B** You have an strong accent. Where are you from?
   - **C** You have a strong accent. Where are you from?

Corrigé page 31

Astuce Contrairement au français, les adjectifs de nationalité prennent toujours une capitale initiale (**French**, **Scottish**, etc.).

Focus Les adjectifs formés à partir de noms

Choisissez la bonne forme adjectivale pour ces noms propres :

1. wind
   - **A** windy **B** window **C** windish

2. sun
   - **A** suny **B** sunny **C** sunful

3. beauty
   - **A** beautifull **B** beautyish **C** beautiful

4. happiness
   - (A) happi
   - (B) happy
   - (C) hapy

5. interest
   - (A) interestish
   - (B) interstable
   - (C) interesting

Focus Les adjectifs avec plusieurs terminaisons possibles

Corrigé page 31

Choisissez la bonne forme.

1. Her new novel is very _____.
   - (A) interested
   - (B) interesting
   - (C) interestingish

2. Many people are _____ by the exhibitions at the art gallery in Soho.
   - (A) shocking
   - (B) shock
   - (C) shocked

3. The conference was so _____ that I fell asleep.
   - (A) bored
   - (B) boring
   - (C) boorish

4. I'm very _____ by the opportunity to work in her new company.
   - (A) excitement
   - (B) excited
   - (C) exciting

Focus L'ordre des adjectifs

Choisissez la bonne construction.

1. My best friend has a _____.
   - (A) sports black car
   - (B) black sports car
   - (C) sports car black

2. They live in a _____ flat in the city centre.
   - (A) nice modern
   - (B) modern nice
   - (C) modern and nice

3. It's a _____. – No, I'm cold!
   - (A) lovely hot day
   - (B) hot lovely day
   - (C) hot day lovely

4. She has a(n) _____ coat.
   - (A) expensive blue leather
   - (B) blue leather expensive
   - (C) blue expensive leather

Astuce Les règles concernant l'ordre des adjectifs sont assez complexes, mais retenez cet aide-mémoire simple : COMF*ortable* Couleur, Origine, Matière, Fonction. Par exemple : **a red French plastic chair**.

Verbes

to buy	*acheter*
to close	*fermer*
to get	*obtenir, posséder*
to know	*savoir, connaître*
to mean	*signifier*
to mix	*mélanger*
to pass	*passer*
to see	*voir*
to take	*prendre*
to turn	*tourner*

Adverbes, pronoms, etc.

after	*après*
available	*disponible*
through	*à travers*
what	*quoi, qu'est ce*
where	*où*

Noms

bank	*banque*
cash **cash machine**	*espèces* *DAB*
computer	*ordinateur*
corner	*coin*
cupboard	placard (où on range les tasses, cups)
exhibition	*exposition*

Module 3
VOCABULARY

file	*fichier*
flat (GB) **apartment** (US) (notez l'orthographe)	*appartement* **À noter :** ci-nommé car il est disposé « à plat », contrairement à une maison.
fridge (refrigerator)	*frigo (réfrigérateur)*
happiness	*bonheur*
leather	*cuir*
light **traffic light**	*lumière* *feu tricolore*
minister ! **prime minister**	*ministre* *premier ministre*
ministry !	*ministère*
novel	*roman*
petrol (GB) **gasoline / gas** (US)	*essence*
petrol station / gas station	*station-service*
price	*prix* (à payer)
road	*route*
school **primary school**	*école* *école primaire*
screen	*écran*
street **high street**	*rue* *grand-rue, rue commerçante*
suburb	banlieue (faubourg)
time	*temps*
wind	*vent*

Alimentation

bakery	*boulangerie* (**to bake**, *cuire au four*)

bread	*pain*
butter	*beurre*
coffee	*café*
milk	*lait*
sugar	*sucre*

Périodes de temps

day	*jour*
hour	*heure*
minute	*minute*
moment **at / for the moment**	*moment* *en ce / pour le moment*
month	*mois*
second	*second* (prononcé [sekënd])
week	*semaine*
year	*an*, *année*
autumn (GB) **fall** (US)	*automne* **À noter :** **to fall**, *tomber*, comme les feuilles en cette saison
spring	*printemps*
summer	*été*
winter	*hiver*

Les jours de la semaine*

Monday	*lundi*	**Friday**	*vendredi*
Tuesday	*mardi*	**Saturday**	*samedi*
Wednesday	*mercredi*	**Sunday**	*dimanche*
Thursday	*jeudi*		

* Les jours de la semaine prennent toujours une capitale initiale en anglais.

Module 3
VOCABULARY

Adjectifs

beautiful	belle, magnifique
best	*le meilleur* (superlatif irrégulier de **good**, *bon, bien*)
black	*noir*
blank	*vide, blanc* (écran, etc.)
blue	*bleu*
boring	*ennuyeux*
easy	*facile*
empty	*vide*
expensive	*cher* (coût)
flat	*plat* (voir le tableau « Noms » p. 28)
happy	*heureux*
high	*haut*
hot	*chaud*
interesting	*intéressant*
lovely	*adorable* (de **love**, *amour*)
shocked	*choqué*
shocking	*choquant*
small	*petit*
strong	*fort*
sunny	*ensoleillé*
weak	*faible*
windy	*de grand vent, venteux*
young	*jeune*

Module 3
CORRIGÉ

VOTRE SCORE :

Basics

PAGES 21 - Le présent simple affirmatif

1 B | 2 A | 3 A | 4 C

1 B | 2 A | 3 B | 4 B

PAGES 21-22 - **Some / Any**

1 C | 2 A | 3 A | 4 B | 5 C | 6 B | 7 A | 8 A | 9 C

PAGES 22-23 - **There is / There are** pour traduire « il y a »

1 A et C | 2 B | 3 A et C | 4 C

1 B | 2 B | 3 A et C | 4 A

PAGES 23-24 - Les jours de la semaine

1 B | 2 B | 3 C | 4 C | 5 C | 6 B

PAGE 24 - Les nombres ordinaux

1 C | 2 B | 3 B | 4 C | 5 C | 6 A | 7 C

PAGES 24-25 - Les adjectifs

1 C | 2 B | 3 A | 4 C | 5 C

PAGES 25-26 - Les adjectifs formés à partir de noms ; Les adjectifs avec plusieurs terminaisons possibles

1 A | 2 B | 3 C | 4 B | 5 C

1 B* | 2 C | 3 B** | 4 B

* Le suffixe **-ish** ajouté à un adjectif joue le même rôle que *-âtre* en français : **greenish**, *verdâtre* (mais **interestingish** n'existe pas !).

** **boorish**, *rustre*

PAGE 26 - L'ordre des adjectifs

1 B | 2 A | 3 A | 4 A

Vous avez obtenu entre 0 et 14 ? Reprenez chaque question en regardant les endroits où vous avez fait des erreurs.

Vous avez obtenu entre 15 et 30 ? C'est très moyen, mais ne vous découragez pas.

Vous avez obtenu entre 31 et 46 ? Formidable ! Analysez les erreurs et, si besoin, révisez la ou les notions que vous ne maîtrisez pas complètement.

Vous avez obtenu 47 et plus ? You're really very good!

Module 4
BASICS

Focus *To do* (indicatif)

Corrigé page 42

Complétez à l'aide de la forme complète du verbe **to do** (faire) *au présent simple.*

1. Catherine wants _____ an accounting course at Dublin university.
   (A) do (B) doing (C) to do
2. Who _____ the housework in your family?
   (A) do (B) dos (C) does
3. Look at the "What We _____" section of our website.
   (A) Doing (B) Does (C) Do
4. I must _____ this job before I go home.
   (A) to do (B) do (C) does

Maintenant, complétez à l'aide de la forme négative complète.

1. We _____ know how to solve the problem.
   (A) do not (B) doe not (C) does not
2. That firm really _____ understand its customers.
   (A) does not (B) do not (C) not does
3. "I _____ Want This" is a song from the new album by Kelly.
   (A) Does Not (B) Do Not (C) Doing Not
4. You can arrive early for the play, but it _____ start until eight o'clock.
   (A) do not (B) does not (C) did not

Astuce Le verbe **to do** au présent se prononce comme *doux* en français, sauf à la troisième personne du singulier, prononcé [deuz].

Focus *To do* à la forme négative, contractée et interrogative

Complétez à l'aide du verbe **to do** *à la forme négative avec contractions.*

1. My wife _____ want to move to San Francisco, because of the weather.
   (A) don't (B) doesn't (C) does n't

2. Wine or beer? – Wine, please. I _____ like beer.
   - **A** don't
   - **B** doesn't
   - **C** does'nt

3. We _____ need a map. I know the town very well.
   - **A** doesn't
   - **B** don't
   - **C** do'nt

4. I have a headset for my phone but it _____ work.
   - **A** don't
   - **B** doesn't
   - **C** doen't

Astuce Vous entendrez parfois, notamment dans les chansons, la forme **don't** employée à la troisième personne du singulier. C'est une faute très courante… à ne pas imiter !

Maintenant, mettez ces phrases à la forme interrogative :

Corrigé page 42

1. She works in a hospital in Manchester.
   - **A** Do she works in a hospital in Manchester?
   - **B** Is she work in a hospital in Manchester?
   - **C** Does she work in a hospital in Manchester?

2. Mason and Jennie live near your parents.
   - **A** Do Mason and Jennie live near your parents?
   - **B** Does Mason and Jennie live near your parents?
   - **C** Are Mason and Jennie live near your parents?

3. I want to go to New Orleans next week.
   - **A** Does you want to go to New Orleans next week?
   - **B** Is it that you want to go to New Orleans next week?
   - **C** Do you want to go to New Orleans next week?

4. They work in an office.
   - **A** Do they work in an office?
   - **B** Does they work in an office?
   - **C** Work they in an office?

Corrigé page 42

5. This app is great: it works with my new tablet.
   - A Do it work with your new tablet?
   - B It does work with your new tablet?
   - C Does it work with your new tablet?

Astuce Petit pense-bête : pour poser une question, déplacez le « s » de la troisième personne du singulier du verbe à l'auxiliaire **to do** : **she works → does she work?**

Focus Les pronoms possessifs

Remplacez l'adjectif possessif en gras par le pronom qui convient

1. That is **my** red jacket.
   - A That red jacket is me.
   - B That red jacket is the me.
   - C That red jacket is mine.

2. Which is **your** shirt: the black one or the green one?
   - A Which is yours?
   - B Which is your?
   - C Which is you'res?

3. These are **our** new rules for data safety.
   - A These new rules are hours.
   - B These new rules are ours.
   - C These new rules are the ours.

4. This is **her** blouse and this is **his** shirt.
   - A This is hers and this is his.
   - B This is her and this is his.
   - C This is she's and this is he's.

5. These are our reserved seats. Where are **their** seats?
   - A Where are they?
   - B Where are there's?
   - C Where are theirs?

Astuce N'employez jamais les articles définis avec le pronom possessif. Par exemple, *le mien* et *la mienne*, ainsi que les formes plurielles, se traduisent tous par **mine**. De plus, n'oubliez pas que **yours** est à la fois singulier et pluriel *(le/la/les vôtre(s))*. Simple, n'est-ce pas ?

... et vice-versa : remplacez le pronom possessif (en gras) par sa forme adjectivale.

Corrigé page 42

1. These seats are **theers**.
   - A These are theirs seats.
   - B These are their seats.
   - C These are there seats.

2. This is **his** story. It's about his life in politics.
   - A This story is his.
   - B This story is him.
   - C This is her story.

3. This is your phone. Where is **mine**?
   - A Where is me phone?
   - B Where is my phone?
   - C Where is mine phone?

4. In terms of music, I like **hers** more than **his**.
   - A I like her music more than his.
   - B I like she music more than his.
   - C I like hers music more than his.

Astuce Le pronom possessif peut s'employer tout seul pour traduire une phrase plus complexe en français : **Whose is that jacket? – His.** *À qui est cette veste ? – C'est à lui.*

Focus Le pronom impersonnel

Quelle est la bonne formulation ? (Plusieurs réponses sont parfois possibles.)

1. They love their cat: _____ part of the family.
   - A its
   - B it's
   - C she

2. The baby needs _____ bottle.
   - A it's
   - B its
   - C his

3. _____ five o'clock. Time for tea.
   - A It's
   - B Its
   - C We're

Corrigé page 42

4. I need my hat. – I know where _____ is.

A it's B he C it

5. _____ urgent. I must see the doctor.

A Its B It's C It is

Astuce Si on ne connaît pas le sexe d'un bébé ou d'un animal, il est courant d'employer **it** au lieu de **he** ou **she** lorsqu'on s'y réfère. Par ailleurs, **it is / it's** correspond souvent à *c'est* en français.

Focus Les pronoms composés avec *-thing*

Choisissez le bon pronom.

1. I like _____ that they serve in that new Italian restaurant. It's all delicious.

A something B everything C every thing

2. If there is _____ that you need, you can email me.

A anything B everything C some thing

3. Doctor, there is _____ in my eye.

A any thing B anything C something

4. There is _____ on television this evening. Let's go to the cinema.

A everything B something C nothing

5. You can have _____ that you want. _____ at all.

A anything – Something

B something – Anything

C anything – Anything

Astuce Logiquement, l'accent tonique tombe toujours sur la première partie du mot, pas sur **-thing**.

Focus Le cas possessif (le « génitif saxon »)

Remplacez les éléments en gras par une, voire deux, des propositions.

Corrigé page 42

1. Basquiat is the **favourite artist of my brother**.
   - A my brothers favourite artist
   - B the favourite artist my brother's
   - C my brother's favourite artist

2. **The husband of Alison** is a stockbroker in New York.
   - A The husband's Alison
   - B Alison's husband
   - C The Alison's husband

3. **The driver of the bus** is called Reggie.
   - A The bus's driver
   - B *pas de changement* (**bus** étant un nom inanimé)
   - C The bus driver

4. Next week, I am at **the cottage of my friends in the Cotswolds**.
   - A my friend's cottage in the Cotswolds
   - B my friends' cottage in the Cotswolds
   - C my friends Cotswolds' cottage

5. **The wallet of Mr Fox** is on the back seat of the car.
   - A Mr Fox's wallet
   - B Mr Fox' wallet
   - C The wallet of Mr Fox's

6. This is **the bedroom of the children**. That's why it's untidy.
   - A the children's bedroom
   - B children bedroom
   - C the childrens' bedroom

7. Nothing is formal. It's **an agreement for gentlemen**.
   - A a gentlemens' agreement
   - B a gentlemen agreement
   - C a gentlemen's agreement

8. Whose is that razor? – **It is the razor of Ian.**
   - A It's Ian's razor.
   - B It's Ian's.
   - C It Ian's.

Corrigé page 42

9. If you're near **the shop of the butcher**, buy some bacon.
   - A the butcher's shop
   - B the butcher's
   - C butcher's shop

Astuce Il important de ne pas confondre **-'s**, la contraction de **is**, avec le cas possessif. Ainsi, dans la phrase **She's Jim's wife**, la première contraction est celle du verbe *être* alors que la seconde est la forme possessive.

Focus Les verbes et les prépositions

Complétez à l'aide de la bonne préposition, si nécessaire.

1. Look _____ the mess in your bedroom! It's dirty, too.
   - A at
   - B to
   - C *rien*
2. If you have your phone, you can call _____ me at this number.
   - A to
   - B for
   - C *rien*
3. Take _____ the first street on your right.
   - A to
   - B on
   - C *rien*
4. I want to talk _____ the manager, please.
   - A to
   - B at
   - C *rien*
5. He goes _____ work every morning at eight o'clock.
   - A to
   - B in
   - C *rien*
6. Think _____ the planet before you print this page.
   - A about
   - B at
   - C *rien*
7. Do these clothes belong _____ you?
   - A at
   - B to
   - C *rien*
8. Show _____ me your passport, please.
   - A to
   - B for
   - C *rien*
9. I worry _____ my job.
   - A at
   - B about
   - C *rien*

Astuce Lorsqu'on apprend un nouveau verbe, il faut aussi mémoriser la préposition qui l'accompagne habituellement, si tel est le cas. Attention : il existe des différences entre l'anglais et le français. Par exemple, **to look**, dans le sens de *regarder* (sans préposition) est suivi systématiquement de **at**.

Verbes

to do *faire* (auxiliaire de négation et interrogation)

I do	**we do**
you do	**they do**
he/she/it does	

must	*devoir* (verbe défectif, voir Module 7)

to belong (to)	*appartenir (à)*
to call / to be called	*appeler, s'appeler*
to drive	*conduire*
to like	*aimer, apprécier* (moins fort que **to love**)
to look (at)	*regarder*
to move	*se déplacer, bouger*
to need	*avoir besoin de*
to play	*jouer*
to serve	*servir*
to show	*montrer*
to solve	*résoudre*
to start	*commencer, débuter*
to talk (to)	*parler (à)*
to think (about)	*penser (à)*
to understand	*comprendre*
to work	*fonctionner* (voir aussi Module 2)
to worry	*s'inquiéter*

Module 4
VOCABULARY

Pronoms possessifs

mine	*le mien, la mienne, les miens, les miennes*	**ours**	*le nôtre*, etc.
yours	*le tien / le vôtre*, etc.	**theirs**	*le leur*, etc.
his / hers / its	*le sien*, etc.		

Noms

baby	*bébé*
bacon	*lard fumé*
bedroom	*chambre* (**bed**, *lit* ; **room**, *pièce*)
blouse	*chemisier*
bottle	*bouteille, biberon*
butcher	*boucher*
cat	*chat*
clothes	*vêtements* (pas de singulier)
customer	*client*
driver	*conducteur*
eye	*œil*
family	*famille*
front	*devant, face*
gentleman (pl. **gentlemen**)	*monsieur*
hat	*chapeau*
headset	*casque* (audio)
housework	*ménage* (nettoyage)
jacket	*veste* (pensez à *jaquette*)
morning	*matin*

office	*bureau* (pièce)
play	*pièce de théâtre*
rule	*règle*
seat	*siège*
shirt	*chemise*
song	*chanson*
stockbroker	*courtier*
story	*histoire*
town	*ville* (moins grande que **a city**)
wallet	*portefeuille*
wine	*vin*

Adjectifs

busy	*occupé, affairé*
clean	*propre*
dirty	*sale*
great	*super, grand*
green	*vert*
real	*réel, véritable*
right	*juste, vrai*
tidy	*ordonné, bien rangé*
untidy	*désordonné, en désordre*
wrong	*faux*

Module 4
CORRIGÉ

VOTRE SCORE :

Basics

PAGE 32 – **To do** (indicatif)

1 C 2 C 3 C 4 B

1 A 2 A 3 B 4 B*

* **Did** est le prétérit de **to do**.

PAGES 32-34 – **To do** à la forme négative, contractée et interrogative

1 B 2 A 3 B 4 B

1 C 2 A 3 C 4 A 5 C

PAGES 34-35 – Les pronoms possessifs

1 C 2 A 3 B 4 A 5 C*

1 B 2 A 3 B 4 A

* **There's** et **theirs** se prononcent de la même façon.

PAGES 35-36 – Le pronom impersonnel

1 B* 2 B 3 A 4 C 5 B et C

* **It's** est la contraction de **it is**. Il arrive que certains anglophones confondent les deux orthographes !

PAGE 36 – Les pronoms composés avec **-thing**

1 B 2 A 3 C 4 C 5 C*

* **something** = *quelque chose;* **anything** = *tout*

PAGES 37-38 – Le cas possessif (le « génitif saxon »)

1 C 2 B 3* B et C 4 B 5 A 6 A 7 C** 8*** A et B 9 A et B

* **A bus** n'étant pas un être animé, le possessif ne convient pas. On peut néanmoins employer le mot pour qualifier le conducteur (*qu'est-ce qu'il conduit ?*). Dans ce cas, on traduit **a bus driver** *par un chauffeur de* (non pas *du*) *bus*.

** **Gentlemen** est pluriel.

*** Il est permis de reprendre le nom dans la réponse, mais cette répétition est superflue.

PAGE 38 – Les verbes et les prépositions

1 A 2 C 3 C 4 A 5 A 6 A 7 B 8 C 9 B

Vous avez obtenu entre 0 et 14 ? Reprenez chaque question en regardant les endroits où vous avez fait des erreurs.

Vous avez obtenu entre 15 et 30 ? C'est très moyen, mais ne vous découragez pas.

Vous avez obtenu entre 31 et 45 ? Formidable ! Analysez les erreurs et, si besoin, révisez la ou les notions que vous ne maîtrisez pas complètement.

Vous avez obtenu 46 et plus ? You're really very good!

Focus Les pronoms personnels compléments

Corrigé page 53

Choisissez le bon pronom complément.

1. My colleagues refuse to help _____.
   - A me
   - B I
   - C my
2. I promise to write to _____ next week.
   - A her
   - B she
   - C hers
3. Where is my glass? I don't see _____.
   - A he
   - B it
   - C him
4. Please inform _____ that the traffic is heavy.
   - A their
   - B they
   - C them
5. Look at _____. He seems very sad.
   - A he
   - B him
   - C her

Maintenant, placez le pronom complément proposé au bon endroit dans la phrase.

1. him
   - A Please him give my address in Chicago.
   - B Please give him my address in Chicago.
   - C Please give to him my address in Chicago.
2. them
   - A I see them in the pub every night.
   - B I them see in the pub every night.
   - C I see in the pub them every night.
3. us
   - A Can us they see?
   - B Can they see us?
   - C Can they us see?
4. it
   - A This scarf is very warm. Please put on it.
   - B This scarf is very warm. Please put it on.
   - C This scarf is very warm. Please on put it.

Corrigé page 53

5. you

- A I can you pick up at the airport if you like.
- B I can pick up you at the airport if you like.
- C I can pick you up at the airport if you like.

Astuce Le pronom personnel complément se place toujours devant le verbe, contrairement au français. Cependant, avec un verbe à particule (ex. **to pick up**), il est placé entre le verbe et la particule.

Focus Les adverbes

Formez des adverbes à partir de ces adjectifs :

1. quick
   - A quicky
   - B quickly
   - C quicker

2. general
   - A generally
   - B generaly
   - C general

3. really
   - A realily
   - B realy
   - C really

4. precise
   - A precisly
   - B precisely
   - C precisly

5. bad
   - A badily
   - B badyly
   - C badly

6. slow
   - A sloly
   - B slowly
   - C sloely

Focus Les adverbes de manière

Choisissez le mot juste pour compléter chaque phrase.

1. We _____ do our shopping in big department stores.
   - A always
   - B although
   - C allways

Corrigé page 53

2. I'm very lucky because I'm ____ ill.
   Ⓐ rarely Ⓑ rarly Ⓒ really

3. I _____ cook dinner for the family.
   Ⓐ usual Ⓑ usually Ⓒ usualy

4. My kids ____ go to the movies but they prefer computer games.
   Ⓐ sometime Ⓑ sometimes Ⓒ some times

5. They _____ do the washing-up before they open their presents.
   Ⓐ occasionaly Ⓑ occasionnally Ⓒ occasionally

Focus Le présent simple interrogatif

Mettez les phrases suivantes à la forme interrogative :

1. David *(to enjoy)* junk food and ready meals.
   Ⓐ Does David enjoys junk food and ready meals?
   Ⓑ Does David enjoy junk food and ready meals?
   Ⓒ Do David enjoy junk food and ready meals?

2. This method *(to work)* really well.
   Ⓐ Do this method works really well?
   Ⓑ Does this method work really well?
   Ⓒ Do this method really work well?

3. We *(to cook)* this food in the oven.
   Ⓐ Do we cook this food in the oven?
   Ⓑ Does we cooks this food in the oven?
   Ⓒ Do we cooks this food in the oven?

Corrigé page 53

4. They *(to drink)* too much.
   - A Do they drinks too much?
   - B Do they too much drink?
   - C Do they drink too much?

5. It often *(to snow)* at Christmas.
   - A Does it often to snow at Christmas?
   - B Does it often snow at Christmas?
   - C Does snow it often at Christmas?

Poursuivons.

1. Emma finishes work at noon.
   - A What time does Emma finishes work?
   - B What time does Emma finished work?
   - C What time does Emma finish work?

2. The number ten bus goes to the city centre.
   - A Which bus go to the city centre?
   - B Which bus goes to the city centre?
   - C Which bus gos to the city centre?

3. Our niece studies law and economics at Harvard.
   - A Where does your niece studies law and economics?
   - B Your niece, where she does study law and economics?
   - C Where does your niece study law and economics?

4. Alice and Luke leave on their honeymoon at noon tomorrow.
   - A When does Alice and Luke leaves on their honeymoon?
   - B When do Alice and Luke leave on their honeymoon?
   - C When Alice and Luke they leave on their honeymoon?

5. In English, you thank people by saying "Cheers".
   - (A) How do you to thank people in English?
   - (B) How you thank people in English?
   - (C) How do you thank people in English?

Corrigé page 53

Astuce N'oubliez pas les règles concernant la formation de la troisième personne du singulier des verbes se terminant en **-o (-oes)**, **-ch**, **-sh**, **-x** et **-z (-es)**. Si le verbe se termine par une consonne suivie de **-y**, la marque de la troisième personne est alors **-ies**.

Focus Le pluriel

Testons maintenant votre assimilation des règles pour la formation du pluriel. Quel est le pluriel des termes suivants ? Choisissez la forme qui convient.

1. baby
   - (A) babys (B) babies (C) babyes
2. potato
   - (A) potatoes (B) potatos (C) potaties
3. plate
   - (A) plats (B) plates (C) platen
4. knife
   - (A) knifes (B) knives (C) knivs
5. chief
   - (A) chiefs (B) chieves (C) chiefes
6. box
   - (A) boxs (B) boxes (C) boxen
7. glass
   - (A) glass (B) glases (C) glasses
8. man
   - (A) mans (B) men's (C) men

Corrigé page 53

9. foot
   - A foots
   - B footes
   - C feet

10. mouse
   - A mice
   - B mouses
   - C meece

11. roof
   - A rooves
   - B roofs
   - C reef

Astuce Il existe un certain nombre de pluriels irréguliers courants. En plus de ceux que vous avez vus dans cet exercice, retenez les noms courants suivants : **fish**, *poisson* (pl. **fish**) ; **crisis**, *crise* (pl. **crises**) ; **analysis**, *analyse* (pl. **analyses**). Voir aussi le Module 12 à propos des « faux pluriels ».

Focus L'impératif

À l'aide des éléments proposés, construisez des phrases à l'impératif.

1. we: to open the presents
   - A Opening the presents!
   - B Let's open the presents!
   - C Must open the presents!

2. you (singular): to turn right at the traffic lights
   - A Turn right at the traffic lights.
   - B Let's go turn light at the traffic lights.
   - C Do to turn right at the traffic lights.

3. you (plural): not put the plates in the dishwasher
   - A Not you put the plates in the dishwasher.
   - B Don't put the plates in the dishwasher.
   - C Not put the plates in the dishwasher.

4. you (plural): always finish your food
   - A Finish always your food.
   - B Finish your food always.
   - C Always finish your food.

5. we: not go out
   - (A) Let's not go out.
   - (B) Let's go not out.
   - (C) Don't let go out.

Astuce Les adverbes **always** and **never** précèdent toujours l'impératif, contrairement au français.

Focus Les prépositions avec les verbes (suite)

Corrigé page 53

Ajoutez la bonne préposition, quand c'est nécessaire.

1. Give the present _____ her.
   - (A) to
   - (B) at
   - (C) in
2. Put these saucers _____ the cupboard.
   - (A) in
   - (B) to
   - (C) at
3. Ask him _____ some vegetables with your steak.
   - (A) to
   - (B) for
   - (C) at
4. I agree _____ you: it's a fantastic meal.
   - (A) to
   - (B) with
   - (C) *rien*
5. Please answer _____ our questions.
   - (A) to
   - (B) at
   - (C) *rien*

Focus Les pronoms personnels sujet et complément, les pronoms possessifs

Complétez les phrases suivantes :

1. _____ want you to give _____ an answer quickly.
   - (A) I – I
   - (B) Me – I
   - (C) I – me
2. Please thank _____ when you see _____.
   - (A) she – her
   - (B) her – she
   - (C) her – her
3. When can _____ come to visit _____?
   - (A) you – us
   - (B) you – we
   - (C) them – us

Corrigé page 53

4. Tell _____ that _____ are welcome.
   (A) they – them (B) them – them (C) them – they

5. Invite _____ to the party if you like, but _____ is busy this Saturday.
   (A) he – he (B) him – him (C) him – he

6. Give that cup to _____! It's _____.
   (A) I – mine (B) me – my (C) me – mine

7. This is _____ sports bag, and those running shoes are also _____.
   (A) she – her (B) hers – her (C) her – hers

8. That big black suitcase is _____. I must give it to _____.
   (A) theirs – them (B) their – them (C) them – their

9. I don't like _____ or _____ wife.
   (A) he – his (B) him – her (C) him – his

10. Where is _____ cookery book? Ah, this one is _____.
   (A) our – our (B) our – us (C) our – ours

Astuce Les pronoms possessifs se terminent en **-s**, à l'exception de la première personne **(mine)**.

Verbes

VOCABULARY

to agree	*être / se mettre d'accord*
to go out	*sortir*
to help	*aider*
to leave	*partir, laisser*
to open	*ouvrir*
to pick	*cueillir*
to pick up	*ramasser, aller/venir chercher*
to promise	*promettre*
to put	*mettre*

to put on	*mettre* (vêtements)
to run	*courir*
to seem	*sembler*
to snow	*neiger*
to thank	*remercier*
to welcome	*accueillir, souhaiter la bienvenue*
to write	*écrire*

Noms

box	*boîte* (conteneur)
Christmas	*Noël*
city centre / **town centre**	*centre-ville*
cookery	*cuisine* (activité)
food	*nourriture*
foot (pl. **feet**)	*pied*
game	*jeu*
glass **glasses**	*verre* *lunettes, verres*
honeymoon	*lune de miel* (litt. « miel-lune »)
junk **junk food**	*bric-à-brac, objets sans valeur* *« malbouffe »*
law	*loi, droit*
luck	*la chance*
meal	*repas*
mouse (pl. **mice**)	*souris*

Module 5
VOCABULARY

night	*nuit*
noon	*midi* (synonyme de **midday**)
present	*cadeau*
roof	*toit*
scarf	*écharpe*
snow	*neige*
store (US) **department store** (US, GB)	*magasin* *grand magasin*
suitcase	*valise*
vegetable	*légume*

Adjectifs

bad	*mauvais*
cold	*froid*
heavy	*lourd, dense*
hot	*chaud**
ill	*malade*
quick	*rapide*
ready	*prêt*
slow	*lent*
warm	*chaud*

* Chaleur plus fort que **warm** ; les robinets sont marqués **C** (**cold**) et **H** (**hot**). Attention à la différence avec le français !

Module 5
CORRIGÉ

VOTRE SCORE :

Basics

PAGES 43-44 – Les pronoms personnels compléments
1 A 2 A 3 B 4 C 5 B
1 B 2 A 3 B 4 B 5 C

PAGE 44 – Les adverbes
1 B 2 A 3 C 4 B 5 C 6 B
Les autres mots proposés sont inventés, sauf 1 c) **quicker** = *plus vite*.

PAGES 44-45 – Les adverbes de manière
1 A 2 A 3 B 4 B 5 C

PAGES 45-47 – Le présent simple interrogatif
1 B 2 B 3 A 4 C 5 B
1 C 2 B 3 C 4 B 5 C

PAGE 47 – Le pluriel
1 B 2 A* 3 B 4 B 5 A 6 B** 7 C 8 C 9 C 10 A*** 11 B
* Un vice-président américain s'est ridiculisé en écrivant **a potatoe** devant une classe de primaire.
** Cependant, le pluriel – irrégulier – de **an ox**, *un bœuf*, est **oxen** !
*** **Mice** s'applique aussi bien au rongeur qu'à l'outil informatique.

PAGES 48-49 – L'impératif
1 B 2 A 3 B* 4 C 5 A
* Bien sûr, les deux sens de **you** (singulier et pluriel) sont identiques.

PAGE 49 – Les prépositions avec les verbes (suite)
1 A 2 A 3 B 4 B 5 C

PAGES 49-50 – Les pronoms personnels sujet et complément, les pronoms possessifs
1 C 2 C 3 A 4 C 5 C 6 C 7 C 8 A 9 C 10 C
Rappel : le pronom possessif ne s'accorde pas avec l'objet possédé mais avec celui qui le possède.

Vous avez obtenu entre 0 et 19 ? Reprenez chaque question en regardant les endroits où vous avez fait des erreurs.
Vous avez obtenu entre 20 et 39 ? C'est très moyen, mais ne vous découragez pas.
Vous avez obtenu entre 40 et 59 ? Formidable ! Analysez les erreurs et, si besoin, révisez la ou les notions que vous ne maîtrisez pas complètement.
Vous avez obtenu 60 et plus ? You're really very good!

Module 6
VOCABULARY

Verbes

to build	*construire*
to feel	*(se) sentir*
to feel ill	*se sentir malade*
to go to sleep	*s'endormir*
to hurt	*avoir / faire mal*
to lift	*lever, soulever*
to plan	*planifier, avoir l'intention de*
to rain	*pleuvoir*
to sleep	*dormir*

Adverbes, pronoms, etc.

already	*déjà*
away	*au loin, loin*
before	*avant*
here	*ici*
over **over there**	*par-dessus* *là-bas*
somebody **anybody** **nobody**	*quelqu'un* (affirmatif) *quelqu'un* (négatif, interrogatif) *personne* (**no** + **body**)
somewhere **anywhere** **nowhere**	*quelque part* (affirmatif) *quelque part* (négatif, interrogatif) *nulle part* (**no** + **where**)
something **anything** **nothing**	*quelque chose* (affirmatif) *quelque chose* (négatif, interrogatif) *rien* (**no** + **thing**)

Noms

building ✋!	*bâtiment*
coat	*manteau*
glove	*gant*
kitchen	*cuisine* (pièce)
lift (GB) **elevator (US)**	*ascenseur*
rain **raincoat**	*la pluie*
shopping **shopping centre**	*achats*, *courses* *centre commercial*
weather	*temps* (météo)

Adjectifs

broken	*cassé, en dérangement*
chilly	*frisquet*
ill	*malade*
sore	*douloureux*
stair	*escalier*
state	*état*
team	*équipe*
wet	*humide, mouillé*

Les parties du corps

arm	*bras*	**hand**	*main*
back	*dos*	**head**	*tête*
body	*corps*	**knee**	*genou*
chest	*poitrine*	**leg**	*jambe*
ear	*oreille*	**mouth**	*bouche*
elbow	*coude*	**nose**	*nez*
finger	*doigt*	**throat**	*gorge*

Module 6
CORRIGÉ

VOTRE SCORE :

Basics

PAGES 54-55 – La forme interrogative des verbes au présent simple (suite)
1 C 2 A 3 C 4 C 5 B
1 C 2 B 3 B 4 C 5 C

PAGES 55-56 – Les « tags »
1 B 2 C 3 B 4 A 5 C

PAGE 56 – Les démonstratifs spaciaux : de près ou de loin ?
1 A 2 B 3 C 4 C 5 B

PAGE 56-57 – Les mots composés avec **-body** et **-thing** (**somebody**, **anybody**, **nothing**, etc.)
1 B 2 A 3 A 4 C* 5 B 6 B 7 B 8 C 9 C 10 C
* En anglais familier, on entend parfois un double négatif. Voir l'Astuce.

PAGES 57-58 – Les phrases négatives avec adjectif quantitatif
1 C 2 A 3 B 4 B 5 B

PAGES 58-59 – La forme possessive : particularités
1 A 2 A 3 B* 4 C* 5 B
* Le cas possessif peut s'employer avec des noms propres neutres dénotant des éléments animés (société, équipe, etc.). À la phrase 3, la réponse c) serait juste s'il n'y avait pas **is**, qui est déjà présent dans la deuxième contraction **(website's)**.

PAGES 59-60 – Les nombres de 20 à l'infini (ou presque)
Les cardinaux : 1. 10 / ten ; 2. 20 / twenty ; 3. 30 / thirty ; 4. 40 / forty ; 5. 50 / fifty; 6. 60 / sixty ; 7. 70 / seventy ; 8. 80 / eighty ; 9. 90 / ninety ; 10. 100 / a hundred
Les ordinaux : 1. 68th / sixty-eighth ; 2. 42nd / forty-second ; 3. 21st / twenty-first ; 4. 100th / one hundredth ; 5. 98th / ninety-eighth ; 6. 78th / seventy-eighth ; 7. 34th / thirty-forth ; 8. 83rd / eighty-third ; 9. 93rd / ninety-third ; 10. 56th / fifty-sixth

PAGE 60-61 – Les mois et les dates
1 C 2 B* 3 C 4 B 5 A 6 C 7 B 8 C 9 C 10 A 11 B 12 B
* La réponse a) correspond à la prononciation de ce mois. Rappelons que tous les noms de mois et de jours commencent avec une capitale initiale.

1.* the first of March 2.* the fourth of November 3. the twenty-fifth of August 4. the eighteenth of July 5.* the twelfth of May
Comme précisé dans l'Astuce, le premier chiffre correspond au mois, pas au jour, en anglais américain. Ainsi on peut également avoir, en anglais US : 1. the third of January ; 2. the eleventh of April ; 5. the fifth of December.

0 - 13 À revoir ; **14 - 30** Moyen ; **31 - 44** Formidable ! ; **45 et plus** You're really very good!

Focus Les expressions de quantité

Corrigé page 75

Complétez les phrases suivantes :

1. Jenny's not vegetarian but she doesn't eat _____ meat.
   (A) much (B) many (C) some

2. Are there _____ cheap places to eat near your hotel?
   (A) much (B) approximately (C) many

3. I don't have very _____ time this morning.
   (A) much (B) many (C) a little

4. There are _____ ways to make money online.
   (A) a lot (B) many (C) much

5. There is so _____ music and so _____ bad singers.
   (A) many – much (B) much – many (C) many – many

Astuce Dans un registre informel, **much** et **many** sont souvent remplacés par **a lot of** ou **lots of** devant un nom pluriel dénombrable **(lots / a lot of places)** ou un nom singulier indénombrable **(lots of / a lot of time)**.

Maintenant, complétez les phrases suivantes. (Plusieurs réponses peuvent être possibles.)

1. Do you like swimming? – Yes, very _____.
   (A) many (B) much (C) a lot

2. I want some sandwiches. – Okay, how _____?
   (A) many (B) much (C) a lot

3. Would you like some decaf? – Yes please, but not too _____.
   (A) much (B) many (C) a lot

4. How many customers do you get in your café? – Not _____, unfortunately.
   (A) much (B) many (C) a lot (D) a lot of

Corrigé page 75

5. It's important to exercise. – Sure, but how _____?

Ⓐ much Ⓑ many Ⓒ a lot

6. Do you like your new job? – Yes, _____.

Ⓐ very much Ⓑ very many Ⓒ very a lot Ⓓ a lot of

Astuce **Much** et **many** peuvent être précédés par l'adverbe. Ceci n'est pas le cas de **a lot / lots of.**

Focus Les verbes défectifs

Complétez ces phrases avec le verbe à l'affirmatif.

1. Remember Barak Obama's slogan: "Yes we _____!"
Ⓐ can Ⓑ do can Ⓒ are can

2. You _____ Richard and Lynn. Hi, I'm your host.
Ⓐ must are Ⓑ must be Ⓒ can

3. You _____ one carry-on bag in Economy class, according to the airline.
Ⓐ can to bring Ⓑ can bring Ⓒ must

4. She _____ the guitar beautifully.
Ⓐ can to play Ⓑ can play Ⓒ must to play

5. You really _____ to the new album by Be Xe.
Ⓐ can listen Ⓑ must listening Ⓒ must listen

6. Mike _____ you to find a lawyer if necessary.
Ⓐ can to help Ⓑ can help Ⓒ can be help

Astuce **Can** et **must** sont des verbes défectifs, c'est-à-dire que leur conjugaison est incomplète et ils ne sont employés qu'à certains temps et personnes. Quant aux infinitifs ce sont, respectivement, **to be able to** et **to have to**.

Maintenant, mettez les éléments en gras à la forme négative ou interrogative selon le cas. (Plusieurs réponses peuvent être possibles.)

1. **We can change trains** in Chicago to go to Detroit.
   - A We can to change trains in Chicago to go to Detroit?
   - B Are can we change trains in Chicago to go to Detroit?
   - C Can we change trains in Chicago to go to Detroit?

2. **Ray must leave the house** before breakfast.
   - A Ray must not leave the house.
   - B Ray must leave not the house.
   - C Ray must to leave not the house.

3. **You can order the new video game** for your console.
   - A You can not order the new video game.
   - B You cannot order the new video game.
   - C You can't order the new video game.

4. The restaurant doesn't take cards, so **they must pay in cash**.
   - A Do they must pay in cash?
   - B Must they to pay in cash?
   - C Must they pay in cash?

5. I have some money. **I can buy you** a drink.
   - A Can I buying you a drink?
   - B Can I buy you a drink?
   - C Can I to buy you a drink?

Reformulez les éléments en gras de la phrase donnée à la forme contractée du négatif.

1. **You cannot sit** at the counter. There are too many people.
   - A You can'nt sit at the counter.
   - B You can't sit at the counter.
   - C You cant' sit at the counter.

2. **I must not forget** my new password!
   - A I m'st not forget my new password!
   - B I mustn'ot forget my new password!
   - C I mustn't forget my new password!

Corrigé page 75

3. **It cannot be true!** I'm sure there's a mistake.
   - A Can'nt it be true!
   - B It can't be true!
   - C It can't not be true!

4. **This must not become** a habit.
   - A Mustn't this become a habit.
   - B This mustn't become a habit.
   - C This must'nt become a habit.

5. **I can can** the green beans.*
   - A I can't can't the green beans.
   - B I can't can the green beans.
   - C I can can't the green beans.

* Question piège !

Complétez les questions suivantes :

1. Where _____ find salt and pepper?
   - A I can — B can I — C do can I

2. Who _____ contact about the exams?
   - A must we — B we must — C we can must

3. What _____ buy you for Christmas?
   - A can Jake and I — B I and Jake can — C Jake can and I can

4. Where _____ print the document?
   - A must me — B must I — C I must

5. How _____ help you, sir?
   - A I can — B can I — C can me

Astuce L'ordre des mots est très important dans ce type de question et pose souvent des problèmes pour les francophones. Retenez : pronom interrogatif + verbe défectif + pronom personnel.

Focus Le contenu vs le contenant

Choisissez la bonne traduction.

1. *une tasse de thé*
   A a tea cup B a cup of tea C a cup tea
2. *un verre à vin*
   A a glass of wine B a glass for wine C a wine glass
3. *une boîte d'allumettes*
   A a match box B a box of matches C a box for matches
4. *une cafetière*
   A a pot of coffee B a coffee pot C a pot with coffee
5. *une cuiller à café*
   A a tea spoon B a spoon of tea C a tea's spoon

Focus *To get*

*Dans les propositions données, quel mot plus précis est remplacé par **get** ?*

1. What can I get you for dinner?
   A prepare B enjoy C help
2. I want to get cash from the ATM.
   A buy B take C receive
3. Karen can get a job in Bristol.
   A refuse B follow C find
4. Scotland gets a lot of rain in the spring.
   A likes B receives C avoids
5. We'll get the coach to the airport.
   A follow B order C take

Astuce L'utilisation de **to get** n'est pas obligatoire (d'ailleurs, beaucoup de puristes l'évitent, sous prétexte qu'il manque la précision fournie par des verbes comme **bring**, **buy**, etc.). Cependant, ces rigoristes livrent une bataille perdue d'avance car on trouve partout ce verbe protéiforme ! Il faut donc un bon dictionnaire pour en retrouver les usages les plus courants.

Focus Les verbes employés dans les expressions idiomatiques courantes

Choisissez la bonne traduction des phrases françaises.

1. *Asseyez-vous.*
   - A Have a seat.
   - B Have a sit down.
   - C Sit you down.
2. *Déjeunons.*
   - A Having lunch.
   - B Let's have lunch.
   - C We want lunch.
3. *Puis-je prendre une douche ?*
   - A Can I have a shower?
   - B Can I do a shower?
   - C Can I to take a shower?
4. *Je veux boire.*
   - A I want to be drinking.
   - B I want to drink a drink.
   - C I want to have a drink.
5. *Nous nous amusons à Londres.*
   - A We have amuse in London.
   - B We amuse London.
   - C We have a good time in London.

Astuce Beaucoup d'expressions formées en français avec le verbe *prendre* (par exemple, *prendre le petit-déjeuner*) se traduisent avec **to have (to have breakfast)**.

Focus La forme interrogative (suite)

Sélectionnez la question qui convient aux réponses données.

1. I want a tasty English breakfast.
   - A What are you want to eat?
   - B What can you eat?
   - C What can I get you?

2. Two regular coffees and a decaf, please.
   - A What do you want to drink?
   - B What can you want to drink?
   - C What are you want to drink?

Corrigé page 75

3. I like my steak well-cooked.
   - A How like you your steak?
   - B How you like your steak?
   - C How do you like your steak?

4. I'm afraid you can't.
   - A Can't we to pay by credit card?
   - B Do we pay by credit card?
   - C Can we pay by credit card?

5. No we're not.
   - A Is you ready to order?
   - B Are you want to order?
   - C Are you ready to order?

Focus Les verbes et les prépositions (suite)

Complétez à l'aide de la bonne préposition, si nécessaire.

1. Please answer _____ the phone.
   - A on
   - B at
   - C *rien*

2. You can pay _____ the waiter.
   - A to
   - B for
   - C *rien*

Corrigé page 75

3. I must meet _____ my colleague at the station.
   A by — B at — C *rien*

4. Where do we wait _____ the bus?
   A in — B for — C *rien*

5. Listen _____ your voicemail. It's important.
   A to — B at — C *rien*

6. Help me to look _____ my shoes.
   A for — B to — C *rien*

7. It's cold. Put _____ a jacket.
   A on — B up — C *rien*

8. Write _____ your brother. He's worried.
   A to — B at — C *rien*

9. Let's play _____ checkers.
   A at — B in — C *rien*

10. We love to travel _____ boat.
   A in — B by — C *rien*

Astuce Les prépositions qui accompagnent les verbes sont d'autant plus importantes qu'elles peuvent en changer le sens. Ainsi **to look at** signifie *regarder*, alors que **to look for** veut dire *chercher*. Il faut systématiquement apprendre chaque verbe avec sa (ou ses) préposition(s) habituelle(s).

Verbes — VOCABULARY

to avoid	*éviter*
to become	*devenir*
to carry	*porter*
to eat	*manger*
to find	*trouver*

to follow	*suivre*
to forget	*oublier*
to listen (to)	*écouter*
to look for	*chercher* (voir Module 4)
to make	*faire, fabriquer*
to order	*commander*
to have lunch	*déjeuner*
to remember	*se souvenir de, se rappeler*
to sit	*s'asseoir*
to swim	*nager*
to travel	*voyager*

can	*pouvoir* (verbe défectif)
would	auxiliaire du conditionnel

Adverbes, pronoms, etc.

a little	*un peu de*
a lot of	*beaucoup de* (familier)
according to	*selon*
many	*beaucoup* utilisé avec les noms dénombrables
too many	*trop*

Noms

ATM / automated teller machine	*distributeur/guichet automatique bancaire*
bean	*haricot, fayot, grain* (café)
boat	*bateau*

Module 7
VOCABULARY

café / cafe	*café* (établissement)
carry-on bag	*bagage à main* (« sac porté dans l'avion »)
cash	*espèces*
checkers (US) **draughts** (GB)	*jeu de dames*
coach	*car*
drink	*boisson*
host	*hôte* (personne qui reçoit)
lawyer	*avocat* (**law**, *la loi*)
match	*allumette*
matchbox	*boîte d'allumettes*
mistake	*erreur, faute*
pepper	*poivre*
salt	*sel*
shower	*douche, averse*
station	*gare*
voicemail	*messagerie*
waiter	*serveur*

Adjectifs

cheap	*pas cher*
little	*petit*
necessary	*nécessaire*
tasty	*gouteux*
true	*vrai, véridique*
well-cooked	*bien cuit*
worried	*inquiet*

Module 7
CORRIGÉ

VOTRE SCORE :

Basics

PAGES 65-66 – Les expressions de quantité

1 A | 2 C | 3 A | 4 B | 5 B*

* Il faudrait rajouter un verbe au pluriel (**...and there are**) dans la deuxième partie de la phrase. Dans la pratique, cependant, on se permet d'utiliser le singulier partout pour des raisons de simplicité.

1 B* | 2 A | 3 A | 4 B et C | 5 A | 6 A

* Contrairement à **many**, **much** peut être utilisé comme adverbe.

PAGES 66-68 – Les verbes défectifs

1 A | 2 B | 3 B | 4 B | 5 C | 6 B

1 C | 2 A | 3 B et C | 4 C | 5 B

1 B | 2 C | 3 B | 4 B | 5 B*

* **Can**, *pouvoir*, n'a pas d'infinitif, mais **to can** signifie *mettre en conserve*. Ainsi la phrase b) signifie *Je ne peux pas mettre les petit pois en conserve...* Cette petite boutade peut servir d'aide-mémoire pour les verbes défectifs !

1 B | 2 A | 3 A | 4 B | 5 B

PAGE 69 – Le contenu vs le contenant

1 B* | 2 C | 3 B | 4 B** | 5 A***

* **a tea cup**, *une tasse à thé*

** *Une cafetière* peut aussi de traduire par **a French press** ou bien **a cafetiere** !

*** Différence culturelle importante : du café pour les Français, du thé pour les Anglo-Saxons.

PAGE 69 – To get

1 A | 2 B | 3 C | 4 B | 5 C

PAGE 70 – Les verbes employés dans les expressions idiomatiques courantes

1 A | 2 B | 3 A* | 4 C | 5 C

* On peut aussi dire **to take a shower** (mais pas **can I to take**).

PAGE 71 – La forme interrogative (suite)

1 C | 2 A | 3 C | 4 C | 5 C

PAGES 71-72 – Les verbes et les prépositions (suite)

1 C | 2 C | 3 C | 4 B | 5 A | 6 A | 7 A | 8 A | 9 C | 10 B

Vous avez obtenu entre 0 et 15 ? Reprenez chaque question en regardant les endroits où vous avez fait des erreurs.

Vous avez obtenu entre 16 et 31 ? C'est très moyen, mais ne vous découragez pas.

Vous avez obtenu entre 32 et 49 ? Formidable ! Analysez les erreurs et, si besoin, révisez la ou les notions que vous ne maîtrisez pas complètement.

Vous avez obtenu 50 et plus ? You're really very good!

Module 8
BASICS

Focus Les noms dénombrables et indénombrables

Corrigé page 85

Complétez les phrases si nécessaire.

1. This is _____ spring weather.
   - A a
   - B one
   - C *rien*

2. Sergei is Russian but he speaks _____ good English.
   - A one
   - B a
   - C *rien*

3. I want _____ advice: is this pullover too big for me?
   - A an
   - B a
   - C some

4. My son's hair _____ too long.
   - A is
   - B are
   - C *rien*

5. Do you want _____ milk and _____ sugar in your tea?
   - A a – a
   - B a – *rien*
   - C *rien – rien*

6. The damage caused by the storm _____ terrible.
   - A is
   - B are
   - C an

7. We have _____ work to do before the end of the day.
   - A a
   - B the
   - C *rien*

8. The police has _____ information about the crime.
   - A an
   - B a
   - C *rien*

9. I have _____ news about our holiday.
   - A a
   - B some
   - C *rien*

10. I only want _____ toast for breakfast.
    - A a
    - B the
    - C *rien*

Astuce Il faut distinguer les noms dénombrables, qui peuvent être comptés (par exemple, **one book → two books**), et qui peuvent donc prendre un verbe conjugué aux personnes du singulier ou du pluriel selon les cas, et ceux qui sont indénombrables (**information**), qui sont toujours au singulier mais ne prennent jamais d'article défini (on ne peut pas dire **an information**).

Choisissez la bonne formulation pour mettre les noms indénombrables (en gras) au singulier :

Corrigé page 85

1. Let me give you _____ **advice**.
   (A) a lot of (B) a slice of (C) a piece of

2. Select _____ **news** and put it in your inbox.
   (A) an item of (B) a story of (C) an element of

3. There's a parking space. What _____ of **luck**!
   (A) a blow (B) a stroke (C) a strike

4. I need _____ **information** about your business.
   (A) a bit of (B) a bite of (C) a load of

5. Ask the receptionist for a towel and _____ **soap**.
   (A) a part of (B) a bar of (C) a drop of

Astuce De manière générale, les noms indénombrables s'emploient plutôt sans quantificateur et avec **some** (ou **any** dans une question). Dans ce cas, ils traduisent à la fois le singulier et le pluriel en français *(une information, des informations)*.

Choisissez la bonne formulation. (Plusieurs réponses sont parfois possibles.)

1. Excuse me, _____ the toilet? – Upstairs on the left.
   (A) where is (B) where are (C) where's

2. I really need to take _____ holiday.
   (A) a (B) an (C) the

3. Good evening: _____ the weather forecast.
   (A) here is (B) here are (C) this is

4. The suspect's hair _____ and her eyes are brown.
   (A) are dark (B) is dark (C) dark

5. Her _____ usually reliable.
   (A) advice is (B) advice are (C) advices are

Astuce Certains noms sont singuliers en français et pluriels en anglais, ou vice versa. Il est important de les apprendre mais la liste n'est pas longue (**news**, **advice**, **hair** etc.).

Focus Éviter la répétition

Remplacez, si possible, le nom en gras par le ou les mot(s) qui convien(nen)t.

1. Is this your watch, Bob? – No, that **watch** is mine.
   - A ones
   - B one
   - C won
   - D *aucune substitution possible*

2. I like these **books** here, and those **books** over there.
   - A one
   - B one's
   - C ones
   - D *aucune substitution possible*

3. Do you want a cup of tea? – No thanks, I have **a cup of tea**.
   - A one
   - B a one
   - C one's
   - D *aucune substitution possible*

4. What kind of rice do you prefer? Brown **rice** or white **rice**?
   - A one's
   - B one
   - C ones
   - D *aucune substitution possible*

5. They have two cars: this **car is** Mark's and that **car is** Lilian's.
   - A ones
   - B one's
   - C one
   - D *aucune substitution possible*

6. They have two kinds of **coffee** in my supermarket: expensive **coffee** and cheap **coffee**.
   - A ones
   - B one
   - C one's
   - D *aucune substitution possible*

Astuce Si la substitution n'est pas obligatoire ici, elle est néanmoins usuelle, même si la répétition est plus courante en anglais qu'en français.

Choisissez la bonne formulation.

1. Get me some bread from _____ please.
   - A the baking shop
   - B the baker's
   - C baker's

2. Where do you buy your groceries? – At _____.
   - A the supermarket's
   - B the supermarket
   - C the supermarketry

3. There's a new _____ on Broad Street, but it's very expensive.
   (A) fishmongers (B) fisher (C) fishmonger's

4. Where's your son? – I think he's at _____.
   (A) Steve's (B) the Steve's house (C) the house of Steve

5. I must get to _____ before it close.
   (A) butcher's (B) the butcher's (C) the meatery

Astuce Le génitif **('s)** permet d'omettre le mot **shop (butcher's shop → butcher's**, *chez le boucher*), mais il est aussi possible d'employer le nom tout court : **the butcher**, etc.

Focus Les pronoms interrogatifs (suite)

Corrigé page 85

Choisissez la bonne formulation.

1. Hugh is interested in your project. _____ Jack?
   (A) Which about (B) What about (C) Who about

2. _____ wool to make a sweater?
   (A) Where can I buy (B) Where I can buy (C) Where I do can buy

3. _____ for help?
   (A) Who must we ask (B) Who we must ask (C) Who we must to ask

4. _____ take this medicine?
   (A) How often can you (B) How often you can (C) How can you often

5. _____ this document?
   (A) Where must we print (B) Which must we print (C) Where we must print

Astuce Si le pronom interrogatif est suivi d'un adverbe (**often**, etc.), ce dernier précède le verbe (**How often**, etc.).

*Maintenant, formez des questions avec **What...?** pour chaque proposition.*

1. I take a size ten.
   (A) What size you take?
   (B) What you take in size?
   (C) What size do you take?

Corrigé page 85

2. They want blue suede shoes.
   - A What is the colour that they want?
   - B What colour do they want?
   - C What do they colour want?

3. They use a laser-jet printer.
   - A What printer do they use?
   - B What do they printer use?
   - C What are their printer use?

4. I can eat any food.
   - A What is the food you eat?
   - B What food can you eat?
   - C What can you food eat?

Focus La forme interrogative avec les mots en *wh-* (+ how)

Posez des questions au présent simple.

1. Where _____ to meet this evening?
   - A do you want
   - B want do you
   - C you do want

2. How _____ say *un reçu* in English?
   - A do you say
   - B you say
   - C does you say

3. What colour _____ is the best?
   - A does you think
   - B do you think
   - C are you thinking

4 Which of these two novels _____?
   - A does you prefer
   - B do you prefer
   - C prefer you

5 When _____ for the country? – I'm not sure.
   - A leave they
   - B does they leave
   - C do they leave

Focus Les prépositions composées

Choisissez la bonne formulation.

1. The fitting rooms are _____ the escalator.
   - A next in
   - B next to
   - C next of

2. Can you see that scooter _____? It's mine.
   - A over there
   - B behind this
   - C over that

3. The plane is late ______ the storm.
   - A because of
   - B result of
   - C due of

4. _____ fire, call the emergency services.
   - A In case of
   - B In case
   - C In the case

5. The printer is ______ my computer.
   - A close to
   - B close of
   - C near of

Focus Les adverbes irréguliers

Quel est le bon adverbe pour chacun de ces adjectifs ?

1. gentle
   - A gently
   - B gentily
   - C gentlily

2. angry
   - A angrily
   - B angryly
   - C angerily

3. terrible
   - A terribily
   - B terribely
   - C terribly

4. happy
   - A happly
   - B happily
   - C happyly

5. horrible
   - A horribely
   - B horriblely
   - C horribly

Astuce Les adjectifs se terminant en **-y** forment leur adverbe en transformant cette lettre en **i** avant d'ajouter le **-ly** adverbial. Pour ceux qui se terminent en **-le**, cette voyelle est remplacée par un **y**. Il existe aussi quelques adverbes irréguliers.

Focus Le positionnement des adverbes

Placez correctement les adverbes dans les phrases suivantes :

Corrigé page 85

1. usually: to drink
   - A I drink usually water with my meal, but today I want a soda.
   - B I usually drink water with my meal, but today I want a soda.
   - C I drink water usually with my meal, but today I want a soda.

2. often: to rent
   - A My often friends rent a motor bike on holiday.
   - B My friends often rent a motor bike on holiday.
   - C My friends rent a motor bike on holiday often.

3. never: to do the washing-up
   - A When he cooks, he never does the washing-up.
   - B When he cooks never, he does the washing-up.
   - C When he cooks, he does never the washing-up.

4. sometimes: to buy
   - A We buy sometimes frozen food if the market is closed
   - B We sometimes buy frozen food if the market is closed.
   - C We buy frozen food if sometimes the market is closed.

5. always: to be late
   - A Her partner always is late, and it annoys her.
   - B Her partner is late always, and it annoys her.
   - C Her partner is always late, and it annoys her.

Astuce Si un verbe est formé d'un seul mot, l'adverbe se place généralement à côté de celui-ci, la plupart du temps avant.

Verbes

to annoy	*ennuyer, agacer*
to bite	*mordre*
to freeze	*congeler*
to get to	*arriver à, atteindre*
to rent	*louer*
to select	*sélectionner*
to watch	*regarder*

Adverbes, pronoms, etc.

because of	*à cause de*
close to	*près de*
downstairs	*en bas* (de l'escalier)
kind of	*sorte de*
next to	*à côté de*
upstairs	*en haut* (de l'escalier)

hardly	*à peine*
lately	*dernièrement*

Noms

bike **motor bike**	*vélo* (apocope de **bicycle**, *bicyclette*) *moto*
bit, **a bit of**	*morceau, un peu de*
bite	*morsure*
blow	*coup* (choc)
damage	*dégâts* (indénombrable)
drop	*goutte*
emergency **emergency service**	*urgence* *service d'urgence*
end	*fin* (pensez à **weekend**, *fin de semaine*)
hair	*cheveux* (indénombrable) ; **a hair**, *un poil*

Module 8
VOCABULARY

item	*article*
news	*nouvelles* (indénombrable)
piece	*morceau*
project	*projet*
rice	*riz*
size	*taille* (dimension)
slice	*tranche*
soap	*savon*
space	*espace*, *place*
storm	*tempête*
strike	*grève*
suede	*daim*
sweater	*pull* (de **sweat**, *la transpiration*)
towel	*serviette* (de bain)
watch	*montre*
water	*eau*
wool	*laine*

Commerces

butcher's	*boucherie / chez le boucher*
grocer's / grocery	*épicerie / chez l'épicier*
greengrocer's / greengrocery	*magasin* ou *marchand de fruits et légumes*
fishmonger's	*poissonnerie / chez le poissonnier*
bookshop	*librairie*

On emploie le génitif saxon pour distinguer entre un marchand et son commerce : par exemple **a butcher**, *un boucher* → **the butcher's**, *la boucherie*. Il s'agit d'une ellipse de **shop** (**butcher's shop**).

Adjectifs

frozen	*congelé*
hardy	*robuste* (dérivé de *hardi*)
reliable	*sérieux*, *fiable*

Module 8
CORRIGÉ

VOTRE SCORE :

Basics

PAGES 76-77 – Les noms dénombrables et indénombrables

1 C 2 C 3 C 4 A 5 C* 6 A 7 C 8 C 9 B 10 C

* On peut aussi dire **some milk** et **some sugar**. Il y a une légère différence entre les deux formulations mais rien d'important.

1 C 2 A 3 B 4 A 5 B

1 A et C 2 A 3 A et C 4 B 5 A

PAGES 78-79 – Éviter la répétition

1 B 2 C 3 A 4 D* 5 B 6 D

* La substitution du nom par **one(s)** n'est pas possible ici car **rice**, *le riz*, est indénombrable (bien qu'on puisse en compter chaque grain !). En revanche, on peut se dispenser totalement des pronoms et n'employer que les adjectifs : **brown or white?** ou encore **expensive or cheap?**

1 B 2 B 3 C 4 A 5 B

PAGES 79-80 – Les pronoms interrogatifs (suite)

1 B 2 A 3 A* 4 A 5 A

* Dans un registre très soutenu, on emploie le pronom relatif complément **whom**, mais dans la langue courante **who** est utilisé pour sujet et complément.

1 C 2 B 3 A 4 B

PAGE 80 – La forme interrogative des mots en **wh-** (+ **how**)

1 A 2 A 3 B 4 B 5 C

PAGE 81 – Les prépositions composées

1 B 2 A 3 A 4 A 5 A

PAGE 81 –Les adverbes irréguliers

1 A 2 A 3 C 4 B 5 C

PAGE 82 – Le positionnement des adverbes

1 B 2 B 3 A 4 B 5 C

Vous avez obtenu entre 0 et 15 ? Reprenez chaque question en regardant les endroits où vous avez fait des erreurs.

Vous avez obtenu entre 16 et 31 ? C'est très moyen, mais ne vous découragez pas.

Vous avez obtenu entre 32 et 49 ? Formidable ! Analysez les erreurs et, si besoin, révisez la ou les notions que vous ne maîtrisez pas complètement.

Vous avez obtenu 50 et plus ? You're really very good!

Module 9
BASICS

Focus Exprimer une quantité : la forme interrogative

Corrigé page 95

Choisissez la bonne formulation.

1. _____ is a round trip ticket to Denver?
   - A How much
   - B How many
   - C What

2. I don't know _____ people are interested in my idea.
   - A how many
   - B lots of
   - C how much

3. Tell me _____ it costs to take a taxi to the airport.
   - A how many
   - B how much
   - C how expensive

4. She doesn't know _____ I love her!
   - A how many
   - B how far
   - C how much

5. _____ are the season tickets? – They're very expensive.
   - A How much
   - B What cost
   - C What prices

Astuce Pour traduire la simple question *Combien ?*, il faut d'abord savoir si le sujet de cette interrogation est singulier/indénombrable **(How much time?)** ou pluriel/dénombrable **(How many minutes?)**.

Maintenant, choisissez la ou les question(s) correspondant à la réponse donnée.

1. I've got work to do.
   - A Have you got much work to do?
   - B Have you got many works to do?
   - C Have you lot of work to do?

2. We have a dozen eggs in the fridge.
   - A Have we got much egg in the fridge?
   - B Have we got many eggs in the fridge?
   - C Have we got lots eggs in the fridge?

3. There's a difference between a hotel and a hostel.
   - A Is there many differences between a hotel and a hostel?
   - B Is there much difference between a hotel and a hostel?
   - C Is there a lot of difference a hotel and a hostel?

4. Adam always wins. He's very lucky!
   - **A** Has he got many luck?
   - **B** Is he got much luck?
   - **C** Has he got a lot of luck?

Corrigé page 95

5. We have hundreds of questions for them.
   - **A** Do you have many questions for them?
   - **B** Do you have a lots of questions for them?
   - **C** Do you got a lot of questions for them?

Astuce **A lot of** et **lots of** sont synonymes et peuvent être utilisés devant des noms dénombrables et indénombrables. En revanche, **a lot**, tout court, s'emploie comme adverbe *(beaucoup, souvent)* et se place en fin d'énoncé, mais jamais devant un nom : **I love her a lot**.

Focus Les petites quantités

Choisissez la bonne formulation.

1. I have _____ time before my plane leaves.
   A a little **B** few **C** a few
2. There are _____ teachers and lots of vacancies.
   A little **B** few **C** a little
3. We have _____ suggestions to make.
   A little **B** a few **C** a little
4. The situation is serious but there is _____ hope of change.
   A few **B** not any **C** little
5. There are _____ surprises but not many.
   A a few **B** a little **C** little
6. Do you want cream in your coffee? – Just _____.
   A a little **B** little **C** few
7. Give me _____ piece of cake please...
   A a little **B** a few **C** little

Corrigé page 95

8. ... and _____ strawberries with lots of cream.
   (A) little (B) a few (C) few

9. They have _____ money to spend, and prices are very high.
   (A) little (B) few (C) lots

10. I have _____ friends in London. They all live in the suburbs.
   (A) a few (B) few (C) lots of

Astuce Ne pas confondre **a few** *(quelques, pas beaucoup)* et **few** *(peu de)*. En anglais parlé, ce dernier adjectif est souvent remplacé par une tournure alternative, par exemple **not many**, notamment dans une phrase négative ou interrogative.

Maintenant, choisissez une formulation négative moins formelle mais correcte parmi celles proposées pour remplacer l'élément en gras de l'exemple.

1. We have **few** friends in London.
   (A) don't have many (B) little (C) don't have a few

2. They have **little** to spend on clothes.
   (A) don't much (B) don't have much (C) don't have a few

3. **Few** guitarists can play the blues well.
   (A) Not many (B) Don't have to (C) Not lot

4. There is **little** choice on the menu but the food is superb.
   (A) not many (B) don't have much (C) isn't much

Focus Les verbes de mouvement et les moyens de locomotion

Remplacer le verbe + complément en gras par un seul verbe.

1. You can **go** to America **by plane**.
   (A) fly (B) jump (C) run

2. You can also **go by ship**.
   (A) sell (B) sail (C) stretch

3. In the country, some people **go** to school **by horse**.
   (A) flow (B) run (C) ride

4. I like to **go** to the office **on foot**.
   (A) walk (B) tread (C) promenade

5. His goal is to **cross** the English Channel **in the water**.
   (A) swim across (B) cycle across (C) dive across

6. She never **goes** to the supermarket **by car**.
   (A) drives (B) hurries (C) jogs

Astuce Certains verbes permettent d'associer le mouvement avec le moyen de locomotion : par exemple, **to go by bicycle**, *aller à bicyclette*, peut se dire **to cycle**.

Focus Les prépositions de temps (notions)

Corrigé page 95

Choisissez la bonne préposition.

1. Andy wants to visit us _____ Easter Sunday.
   (A) on (B) at (C) in

2. There's lots to do _____ the evening.
   (A) at (B) in (C) on

3. The airport closes _____ night.
   (A) in (B) on (C) at

4. I work every day but I'm free _____ weekends.
   (A) during (B) at (C) on

5. Their party is _____ Friday evening.
   (A) at (B) on (C) in

Focus Traduire le verbe « faire »

Choisissez la bonne formulation.

1. Please _____ the bed before you leave in the morning.
   (A) do (B) make (C) have

2. I don't want to _____ the washing-up.
   (A) do (B) wash (C) clean

Corrigé page 95

3. Can you _____ me a favour and lend me your comb.
   A give B make C do

4. That new sports car _____ two hundred miles an hour.
   A drives B does C runs

5. Our company hopes that it can _____ business with the Americans.
   A do B make C have

6. It's freezing. Let's _____ some tea.
   A bake B make C cook

7. Please _____ an effort: you're too lazy.
   A to B make C give

8. Can I _____ a suggestion?
   A make B pass C do

9. You need to _____ more progress if you want to speak fluently.
   A be B give C make

10. Don't _____ a noise. The kids are asleep.
   A do B make C say

Astuce En règle générale, **to do** se rapporte à une activité ou une action alors que **to make** s'emploie lorsqu'on fabrique quelque chose. La ligne entre les deux notions étant parfois floue, il faut bien apprendre ces différentes tournures.

Focus L'heure

Choisissez l'horaire en français qui correspond à l'énoncé en anglais. (Plusieurs réponses sont possibles dans certains cas.)

1. twenty past three
   A 20 h 03 B 15 h 20 C 14 h 40

2. five past two
   A 2 h 05 B 5 h 02 C 14 h 05

3. a quarter to nine
   (A) 8 h 45 (B) 9 h 15 (C) 9 h 45

4. half past ten
   (A) 10 h 15 (B) 10 h 30 (C) 22 h 30

5. five to eight
   (A) 7 h 55 (B) 7 h 05 (C) 8 h 05

6. twenty-five past seven
   (A) 5 h 27 (B) 7 h 25 (C) 20 h 07

7. a quarter past six
   (A) 6 h 45 (B) 6 h 15 (C) 6 h 30

8. twenty-five to six
   (A) 5 h 35 (B) 17 h 35 (C) 6 h 25

9. twenty to seven
   (A) 18 h 40 (B) 20 h 40 (C) 6 h 40

10. ten to nine
   (A) 10 h 09 (B) 10 h 29 (C) 8 h 50

Astuce L'horloge à vingt-quatre heures n'étant pas employée dans la conversation courante en anglais, un horaire comme **ten past nine** peut signifier à la fois *9 h 10* et *21 h 10*. Si le contexte ne permet pas de faire la distinction, on ajoute **in the morning** *(du matin)* ou **in the evening** *(du soir)*. À l'écrit, on précise à l'aide de deux abréviations latines : **9.10 am** (ante meridiem, *avant midi*) ou **9.10 pm** (post meridiem, *après midi*).

Focus Les faux-amis

Choisissez la bonne traduction.

1. nervous
   (A) *anxieux* (B) *en colère* (C) *nerfs*

2. important
   (A) *énorme* (B) *significatif* (C) *ce qui a été importé*

3. a camera
   - A *une chambre*
   - B *un appareil photo*
   - C *un caméscope*

4. chips
   - A *des biscuits*
   - B *des frites*
   - C *des gâteaux apéritifs*

5. chance
   - A *le hasard*
   - B *la veine*
   - C *la bonne fortune*

Choisissez la bonne formulation.

1. This meeting is very _____ for us.
   - A important
   - B large
   - C certain

2. He was three hours late but he _____ arrived.
   - A initially
   - B eventually
   - C soon

3. My girlfriend and I are officially _____.
   - A occupied
   - B fiancé
   - C engaged

4. Sami is a _____ at the University of Bristol.
   - A teacher
   - B professor
   - C maestro

5. Diane Arbus was a famous American _____.
   - A photograph
   - B photographer
   - C photography

Astuce Les faux-amis – ces « trahisons du vocabulaire anglais » – sont difficiles à déceler car l'anglais regorge aussi de mots apparentés aux français. Il faut donc être vigilant et noter ces mots qui partagent la même orthographe mais pas le même sens.

Verbes

to clean	*nettoyer*
to cross	*traverser*
to flow	*couler*
to fly	*voler* (en avion)
to hurry	*se dépêcher*

to jog	*faire du jogging*
to lend	*prêter*
to ride	*monter à cheval / aller à bicyclette, en moto*
to sail	*faire du bateau, de la voile*
to spend	*dépenser*
to swim	*nager*
to teach	*enseigner*
to walk	*marcher*

Adverbes, pronoms, etc.

few	*peu de* (avec un nom dénombrable)
a few	*quelques*
little	*peu de* (avec un nom indénombrable)
a little	*un peu*
lots of	*plein de / beaucoup de*

asleep	*endormi*
on foot	*à pied*
eventually	*finalement*
fluently	*couramment*
soon	*bientôt*

Noms

bed	*lit* (voir Module 4)
camera	*appareil photo*
chance	*hasard*
Easter	*Pâques*
half	*moitié*
hope	*espoir*
horse	*cheval*
hostel	*auberge, foyer*

Module 9
VOCABULARY

photograph / **photo**	*photographie / photo*
photographer	*photographe*
professor	*professeur* (titulaire de chaire)
strawberry	*fraise*
teacher	*professeur*
ticket	*billet*
return ticket (GB) / **round trip** (US)	*billet aller-retour*
single ticket (GB) / **one-way ticket** (US)	*billet simple*
season ticket	*carte d'abonnement / abonnement annuel*
vacancy	*poste vacant*

Moyens de transport

lorry	*camion*
plane (apocope de **aeroplane** (GB) **airplane** (US))	*avion*
ship	*bateau, navire* (plus grand que **boat**)
train	*train*
underground (GB) **subway** (US)	*métro*

Adjectifs

fluent	*courant* (langue)
important	*important* (sans notion de taille)
lazy	*paresseux*
nervous	*nerveux, tendu*

Module 9
CORRIGÉ

VOTRE SCORE :

Basics

PAGES 86-87 – Exprimer une quantité : la forme interrogative

1 A 2 A 3 B 4 C 5 A

1 A 2 B* 3 B 4 C 5 A

* **Lots** est toujours suivi de **of**, dans le sens de *beaucoup de*. Cependant, il peut s'employer tout seul comme réponse à une question : **Have you got much work? – Lots.**

PAGES 87-88 – Les petites quantités

1 A 2 B 3 B 4 C 5 A 6 A 7 A 8 B 9 A 10 A

1 A 2 B 3 A 4 C

PAGES 88-89 – Les verbes de mouvement et les moyens de locomotion

1 A 2 B 3 C 4 A 5 A 6 A

PAGE 89 – Les prépositions de temps (notions)

1 A 2 B 3 C 4 B* 5 B

* En anglais américain, **on weekends** est la forme la plus courante.

PAGES 89-90 – Traduire le verbe « faire »

1 B 2 A 3 C 4 B 5 A 6 B* 7 B 8 A 9 C 10 B

* **To bake**, *faire cuire au four*, une méthode peu recommandée pour la préparation du thé.

PAGES 90-91 – L'heure

1 B 2 A et C 3 A 4 B et C 5 A 6 B 7 B 8 A et B 9 A et C 10 C

Rappelons qu'avec l'horloge de douze heures, on peut employer **a.m.** et **p.m.** pour distinguer, respectivement, *le matin et l'après-midi/soir*.

PAGES 91-92 – Les faux-amis

1 A 2 B 3 B 4 B* 5 A

* En anglais américain, **chips** signifie les *chips* (qui se dit **crisps** en anglais britannique), et les *frites* sont des **French fries**.

1 A 2 B 3 C* 4 B 5 B

* L'anglais utilise le nom français **a fiancé(e)**, *un(e) fiancé(e)* mais le verbe *se fiancer* se traduit par **to get engaged**.

Vous avez obtenu entre 0 et 16 ? Reprenez chaque question en regardant les endroits où vous avez fait des erreurs.

Vous avez obtenu entre 17 et 33 ? C'est très moyen, mais ne vous découragez pas.

Vous avez obtenu entre 34 et 50 ? Formidable ! Analysez les erreurs et, si besoin, révisez la ou les notions que vous ne maîtrisez pas complètement.

Vous avez obtenu 51 et plus ? You're really very good!

Module 10
BASICS

Corrigé page 104

Focus Continuité / Répétition d'une action

Choisissez le mot qui convient pour compléter ces phrases :

1. The plumber must be on the phone. The line is _____ engaged.
   (A) still (B) always (C) again

2. You're ______ late for work. Buy an alarm clock!
   (A) still (B) always (C) again

3. The clock has stopped _____. That's the third time this week.
   (A) still (B) always (C) again

4. We _____ go on holiday in March because the beaches are empty.
   (A) still (B) always (C) again

5. Does Josh _____ work at that book shop in Brooklyn?
   (A) still (B) always (C) again

Astuce Le mot *toujours* se traduit de deux façons en anglais : **still** si la même action ou situation perdure : **I still live in Brooklyn**, *Je vis toujours à Brooklyn* ; **again** si l'action se répète : **He's late again**, *Il est de nouveau en retard.*

Et voici un petit dialogue extrait d'une ***romcom*** (« comédie romantique »).

1. "I hope that I can see you ______...
   (A) still (B) always (C) again

2. ...because I ______ love you!"
   (A) still (B) always (C) again

3. "I think that I will ______ love you, even if you don't love me."
   (A) still (B) always (C) again

4. "Are you _____ married to Sam?"
   (A) still (B) always (C) again

5. "Or are you now single _____?"
   (A) still (B) always (C) again

Focus Inclusion / Exclusion

Choisissez la bonne réplique en faisant attention à la préposition.

1. I hate cabbage! – _____.
   Ⓐ So I do Ⓑ So do I Ⓒ So me
2. We hope she passes her exams. – _____.
   Ⓐ So do us Ⓑ So do we Ⓒ We do so
3. He can sing beautifully. – _____.
   Ⓐ So does can Ⓑ She can so Ⓒ So can she
4. Malcom's a vegan. – _____.
   Ⓐ So they do Ⓑ So are they Ⓒ So can they
5. My wife is a nurse. – _____.
   Ⓐ So am I Ⓑ So do I Ⓒ I am so

Astuce À la première personne du singulier, il est possible d'être plus concis en répondant simplement **Me too : I hate cabbage. – Me too**, *Je déteste le chou. – Moi aussi.*

*Maintenant, choisissez la bonne réplique avec **so** ou **neither**, en faisant toujours attention à la préposition.*

1. I don't want to go swimming. – _____.
   Ⓐ Neither do I Ⓑ I do neither Ⓒ Neither I do
2. I hope that he feels better. – _____.
   Ⓐ So do us Ⓓ So do we Ⓒ We do so
3. We can't come to your party. – _____.
   Ⓐ Neither do them Ⓑ Neither can't they Ⓒ Neither can they
4. She doesn't drive a car. – _____.
   Ⓐ Neither does he Ⓑ Neither him Ⓒ He drives neither
5. They aren't interested in our offer. – _____.
   Ⓐ Neither do she Ⓑ Neither can she Ⓒ Neither is she

Astuce De la même manière, on peut répondre à la forme négative avec le pronom complément et l'adverbe **neither**. Ainsi **Neither do I**, *Moi non plus*, devient **Me neither**.

Module 10
VOCABULARY

Verbes

to be on the phone	*être au téléphone*
to chat	*bavarder, « chatter »*
to come back (to)	*revenir (à)*
to come from	*venir de*
to come in(to)	*entrer (dedans)*
to come out	*sortir*
to pass an exam ✋!	*réussir à un examen*
to try	*essayer*

Adverbes, pronoms, etc.

above	*au-dessus*
again	*à nouveau*
always	*toujours* (à chaque fois)
around	*autour de*
beneath	*sous, au-dessous de*
between	*entre*
enough	*assez, suffisant*
even	*même*
still	*toujours* (sans discontinuité)
under	*sous*

Noms

address	*adresse*
backpack	*sac à dos*
beach	*plage*
boot	*botte*

bridge	*pont*
cabbage	*choux*
clock **alarm clock**	*horloge* *réveil*
comfort	*confort*
correspondence	*correspondance*
cotton	*coton*
development	*développement*
doughnut (parfois **donut**)	*beignet* (sucré)
envelope	*enveloppe*
example	*exemple*
function	*fonction*
letter **letterbox**	*lettre* *boîte à lettres*
life jacket	*gilet de sauvetage* (litt. « veste de vie»)
literature	*littérature*
living room	*salon* (litt. « pièce à vivre »)
nurse	*infirmier / infirmière*
overcoat	*pardessus*
plumber	*plombier*

Adjectifs

both **both of**	*les deux, l'un et l'autre* *chacun de*
old	*ancien*
single	*simple, célibataire*

Module 10
CORRIGÉ

VOTRE SCORE :

Basics

PAGE 96 – Continuité / Répétition d'une action
1 A | 2 B | 3 C | 4 B | 5 A
1 C | 2 A | 3 B | 4 A | 5 C

PAGE 97 – Inclusion / Exclusion
1 B | 2 B | 3 C | 4 B | 5 A
1 A | 2 B | 3 C | 4 A | 5 C

PAGE 98 – Les prépositions de position et de mouvement (suite)
1 B | 2 C | 3 B | 4 B | 5 C* | 6 B | 7 A | 8 B | 9 A | 10 A**
* En anglais américain, **the subway** signifie *le métro*. À Londres, ce moyen de transport s'appelle **the underground** *(le souterrain)* ou, plus familièrement, **tube** ou **Tube** *(le tube)*. Dans d'autres villes dotées d'un tel système, les noms varient.
** Ces trois mots se ressemblent mais le sens et la prononciation sont très différents : **through** = [THrou], *à travers* ; **though** = [DHoh], *bien que* ; **thorough** = [THureu], *méthodique*.

PAGE 99 – Les pronoms possessifs (suite) dans une phrase avec **of**
1 B | 2 A | 3 C | 4 B | 5 C
1 B | 2 C | 3 C | 4 A* | 5 C
* **A painting of him**, une peinture le représentant ; **a painting of his**, une peinture qu'il a fait ou qui lui appartient.

PAGE 100 – Les pièges de l'orthographe
1 C | 2 B | 3 C | 4 B* | 5 C | 6 C | 7 B | 8 C | 9 B | 10 C
Certaines de ces propositions représentent la prononciation figurée du mot : 1 b), 3 b), 4 a), 5 b), 7 a), 8 a), 9 a), 10 b).
* **To envelop** est un verbe qui signifie *envelopper*.

PAGE 101 – Les « question tags » (suite)
1 B | 2 B* | 3 A | 4 C | 5 A
* **Ain't it** est une variante très populaire de **isn't it**, que vous rencontrerez certainement dans les médias (chansons, scénarios, etc.). Il faut donc la connaître mais jamais l'employer !

PAGE 101 – Révisions
1 A | 2 C | 3 A* | 4 A | 5 B
* **Little** serait correct si le verbe était à l'affirmatif.

Vous avez obtenu entre 0 et 15 ? Reprenez chaque question en regardant les endroits où vous avez fait des erreurs.
Vous avez obtenu entre 16 et 31 ? C'est très moyen, mais ne vous découragez pas.
Vous avez obtenu entre 32 et 49 ? Formidable ! Analysez les erreurs et, si besoin, révisez la ou les notions que vous ne maîtrisez pas complètement.
Vous avez obtenu 50 et plus ? You're really very good!

Focus Les pronoms interrogatifs (suite)

Utilisez les pronoms en gras pour construire des questions correspondant aux réponses données.

Corrigé page 115

1. **what**: He wants to wear his new suit.
   - A What does he want to wear?
   - B What he wants to wear?
   - C What he does want to wear?

2. **why**: They are famous because they are on television.
   - A Why they are famous?
   - B Why do they are famous?
   - C Why are they famous?

3. **who**: They admire the guy who owns the bookshop.
   - A Who do they admire?
   - B Who they admire?
   - C Who guy they admire?

4. **where**: She lives in a studio apartment in the city.
   - A Where she lives?
   - B Where does she live?
   - C Where lives she?

5. **when**: Angela arrives at Heathrow Airport at midday.
   - A When Angela does she arrive?
   - B When does Angela arrive?
   - C When Angela arrives?

Astuce On n'utilise jamais **do/does** comme auxiliaire interrogatif si la question contient le verbe **to be**.

Module 11
BASICS

Poursuivons.

Corrigé page 115

1. **which**: I prefer rugby.
   - (A) Which do you sport prefer?
   - (B) Which sport do you prefer?
   - (C) Which sport you do prefer?

2. **what**: You serve red wine with pasta.
   - (A) What wine do you serve with pasta?
   - (B) What does wine you serve with pasta?
   - (C) What wine you do serve with pasta?

3. **which**: I prefer swimming.
   - (A) Which do you prefer: swimming or diving?
   - (B) Which prefer you: swimming or diving?
   - (C) Which do you are prefer: swimming or diving?

4. **who**: We want an ice cream.
   - (A) Who does want an ice cream?
   - (B) Who an ice cream wants?
   - (C) Who wants an ice cream?

5. **where**: My mobile is on the table.
   - (A) Where does your mobile?
   - (B) Where is your mobile?
   - (C) Where does be your mobile?

Astuce **Who**, **what** et **which** ne sont pas suivis de l'auxiliaire **do/does** s'ils sont le sujet de l'interrogation.

Focus Les pronoms relatifs

Choisissez le bon pronom relatif. (Deux réponses sont possibles dans certains cas.)

1. The people _____ own the nightclub are on holiday.
   - (A) who
   - (B) which
   - (C) that

2. Damian writes a blog _____ is very popular with teenagers.
   A who B what C which

3. I really like the spices _____ they use in their food.
   A that B who C which

4. She is the person _____ I admire the most.
   A what B which C who

5. Do you know _____ they want to do this afternoon?
   A what B that C which

6. The people _____ live in the flat above us make a lot of noise.
   A what B that C who

Astuce On utilise **whom** au lieu de **who** dans un registre très soutenu si l'antécédent est une personne et le complément de phrase **(the man whom you choose**, *l'homme que vous choisissez***)**. Cependant, et n'en déplaisent aux puristes, la plupart des anglophones se satisfont de **who** pour le sujet et le complément, et **whom** ne s'emploie presque plus dans la langue courante.

7. Here are the things _____ they want for a birthday present.
   A which B that C who

8. The articles _____ he writes for the website are not very interesting.
   A who B which C what

9. I don't like the people _____ he knows.
   A that B which C what

10. Deborah's very stylish: I love the dresses _____ wears.
   A that B who C what

Astuce **That** peut remplacer **which** (et même **who**) lorsqu'ils sont utilisés comme des pronoms relatifs : **the car which / that I drive** ; **the man who / that owns**, etc. Il n'y a aucune différence de sens, même si **that** est considéré comme un peu moins formel que **which**.

Module 11
BASICS

Complétez les phrases suivantes :

Corrigé page 115

1. The person _____ is parked in front of the gate must move it.
   (A) what car (B) whose the car (C) whose car
2. The park, _____ is not open on Sunday, has a very nice view of New York.
   (A) who's (B) which (C) *rien*
3. The shops _____ are open on Sunday are all in the city centre.
   (A) that (B) whose (C) *rien*
4. Sally's a person _____ very kind and generous.
   (A) whose (B) who's (C) that
5. _____ phone number is this?
   (A) Who's (B) Which is (C) Whose
6. Joanne Bowling is a writer _____ bestseller is now a movie.
   (A) of which (B) whose (C) that

Astuce Il est facile de confondre le pronom possessif **whose**, *à qui, dont*, et le syntagme **who's** (**who is**, *qui est*), surtout à l'oral. Soyez attentif !

Utilisez les pronoms en gras pour construire des questions correspondant aux réponses données.

1. **who**: I talk to my son every Sunday.
   (A) Who talk you to? (B) To you do you talk? (C) Who do you talk to?
2. **what**: We're interested in his opinion.
   (A) What are you interested in?
   (B) What interested you?
   (C) In what do you interest?
3. **where**: She comes from Canada.
   (A) Where does she come?
   (B) Where does she come from?
   (C) From where she comes?

4. **which**: I always pay with my debit card.
   - A Which card do you pay with?
   - B With which card you pay?
   - C Which do you pay with card?

5. **what**: We are thinking about the concert.
   - A What you are thinking about?
   - B What are you thinking about?
   - C About what you are thinking?

Astuce Plutôt que de commencer une question avec une préposition suivie d'un pronom interrogatif, comme en français (*À qui parlez-vous ?*), on « rejette » cette dernière à la fin (**Who do you talk to?**). Il ne s'agit pas d'une règle de grammaire mais d'un usage habituel.

Focus La forme interro-négative

Complétez les phrases suivantes à la forme interro-négative :

1. _____ you answer the invitation?
   - A Why doesn't
   - B Why don't
   - C Why not

2. _____ any messages for us?
   - A Are there not
   - B Is not there
   - C Aren't there

3. _____ take an interest in politics?
   - A Doesn't they
   - B They don't
   - C Don't they

4. _____ wear my new shoes?
   - A Can't I
   - B Don't can I
   - C Can I no

5. _____ a plumber?
   - A Can't he
   - B Isn't he
   - C Doesn't he

Astuce En anglais courant, la forme interro-négative utilise toujours les contractions. La forme complète (**Do not they**, etc.) est plutôt réservée à la littérature.

Module 11
BASICS

Focus L'adverbe *even*

Choisissez la bonne formulation.

1. It's not difficult to speak French. _____ do it.
   (A) Even you can (B) You even can (C) Even can you
2. It rains in September on the Rockies. _____ snows.
   (A) It even (B) Even it (C) It can even
3. I'm grateful, _____ say thank you.
   (A) even if I don't (B) if even I don't (C) if don't I even
4. Ruth is angry. _____ to me.
   (A) Even she doesn't talk
   (B) She doesn't even talk
   (C) She even does not talk
5. The pub is great for families. _____ play room for children.
   (A) Even there is a (B) There's even a (C) There even is

Astuce En général, **even** se place directement devant le verbe pour intensifier le propos (**it even snows**, *il neige même*). Cet adverbe peut aussi être placé devant le membre de phrase auquel il se réfère : **even if you don't like me**, *même si tu ne m'aimes pas*.

Focus Les expressions interrogatives de mesure, de quantité, etc.

Choisissez la question qui correspond à la réponse donnée.

1. The Mississippi River measures more than two thousand miles.
   (A) How long is the Mississippi River?
   (B) How length is the Mississippi River?
   (C) Which far is the Mississippi River?
2. The hotel is three miles from downtown Detroit.
   (A) Which far is the hotel from downtown Detroit?
   (B) How distance is the hotel from downtown Detroit?
   (C) How far is the hotel from downtown Detroit?

Corrigé page 115

3. Our garage measures ten feet from wall to wall.
   - (A) How width is our garage?
   - (B) How wide is our garage?
   - (C) How large is our garage?

4. I weigh seven stone and six pounds.
   - (A) How weigh are you?
   - (B) How heavy are you?
   - (C) Which weight are you?

5. Central Park covers more than eight hundred acres.
   - (A) How big is Central Park?
   - (B) How sized is Central Park?
   - (C) What acres are in Central Park?

Astuce Ces tournures très idiomatiques permettent de demander des précisions dont la nature dépend du deuxième mot de la question (**old**, **big**, etc.). La réponse est très souvent formulée avec **to be**, alors que l'équivalent question en français emploie souvent *faire* (*Quelle distance ? Ça fait 20 km.*).

6. I'm very young: my birthday is on the twenty-eighth of October.
   - (A) How many years have you?
   - (B) How much age do you have?
   - (C) How old are you?

7. Marcus measures six feet from head to toe.
   - (A) How tall Marcus is?
   - (B) How tall is Marcus?
   - (C) How high is Marcus?

8. The total height of Mount Snowdon is three thousand five hundred feet.
   - (A) How high is Mount Snowdon?
   - (B) What height Mount Snowdon?
   - (C) How is Mount Snowdon high?

9. I eat fast food five times a week.
   - **A** How often do you eat fast food?
   - **B** How many times you eat fast food?
   - **C** When do you eat fast food five times?

Corrigé page 115

10. I speak Chinese fluently.
   - **A** How good do you speak Chinese?
   - **B** How well do you speak Chinese?
   - **C** How fluent do you Chinese?

Astuce Ne confondez pas **high** et **tall** (*grand en hauteur*). La question **how high** se pose pour les choses (jamais les personnes) qui sont en hauteur, telle une montagne, les nuages, etc. alors que **how tall** s'applique à des êtres humain ainsi que pour les objets étroits (arbre, mât, etc.).

Focus Vocabulaire thématique : Les loisirs

Choisissez la bonne traduction.

1. *faire de la voile*
   - **A** to sing **B** to sail **C** to veil
2. *la randonnée*
   - **A** hiking **B** hiding **C** running
3. *aller à la pêche*
   - **A** to go fighting **B** to go fishing **C** to go snorkelling
4. *dessiner*
   - **A** to design **B** to draw **C** to paint
5. *le jardinage*
   - **A** landscape **B** garden **C** gardening
6. *s'entraîner*
   - **A** to work out **B** to train **C** to work up

7. *natation*
   - A slimming
   - B diving
   - C swimming

8. *faire du patinage*
   - A to skate
   - B to slate
   - C to do skate

9. *faire de la couture*
   - A to sew
   - B to knit
   - C to knot

10. *le bricolage*
   - A bricking
   - B DIY
   - C repairing

Verbes

to be angry	*être en colère*
to be grateful	*être reconnaissant*
to dress	*s'habiller*
to own	*posséder*
to sell	*vendre*
to wear	*porter* (vêtement)
to weigh	*peser*

Adverbes, pronoms, etc.

the most	*le plus*
whose	*à qui, de quoi* (possessif), *dont* (relatif)
How big...?	*De quelle taille/grandeur... ?*
How far...?	*À quelle distance... ?*
How heavy...?	*Quel poids... ? / Combien pèse... ?*
How high...?	*De quelle hauteur... ?* (montagne, etc.)
How long...?	*De quelle longueur... ?* (distance, temps)
How often...?	*À quelle fréquence... ?*

Module 11
VOCABULARY

How tall...?	*De quelle hauteur... ?* (personne, bâtiment)
How wide...?	*De quelle largeur... ?*

Noms

birthday	*anniversaire (***birth***, naissance)*
dress	*robe*
gate	*portail, porte* (jardin, etc.)
guy	*type, mec* (familier)
height	*hauteur*
length	*longueur*
pound	*livre* (monnaie), unité de poids : *453,6 kg*
stone	*pierre,* unité de poids : *6,348 kg*
suit	*costume, tailleur* (pensez à **suitcase**, *valise*)
toe	*orteil*
weight	*poids*
width	*largeur*

Adjectifs

angry	*fâché, en colère*
far	*loin*
heavy	*lourd*
wide	*large*

Module 11
CORRIGÉ

VOTRE SCORE :

Basics

PAGES 105-106 – Les pronoms interrogatifs (suite)

1 A 2 C 3 A 4 B 5 B

1 B 2 A 3 A 4 C 5 B

PAGES 106-109 – Les pronoms relatifs

1 A 2 C 3 A et C 4 C 5 A 6 B et C 7 A et B 8 B 9 A 10 A

1 C 2 B 3 A 4 B 5 C 6 B

1 C 2 A 3 B 4 A 5 B

PAGE 109 – La forme interro-négative

1 B 2 C 3 C 4 A 5 B

PAGE 110 – L'adverbe **even**

1 A 2 A* 3 A 4 B 5 B**

* La réponse c) n'est pas correcte car il y a un « s » à **snow** : **It can even snow.**

** **A play room**, *une salle de jeu*, peut s'écrire en un seul mot : **playroom**.

PAGES 110-112 – Les expressions interrogatives de mesure, de quantité etc.

1 A* 2 C 3 B 4 B** 5 A 6 C 7 B 8 A 9 A 10 B

* En anglais britannique, le mot **river** – qui traduit à la fois un *fleuve* et une *rivière* – précède le nom du fleuve **(the River Thames)** mais en américain il le suit : **the Snake River**.

** De nombreux pays anglo-saxons utilisent le système de mesures nommé **avoirdupois**. En Grande-Bretagne, où le système métrique a été adopté depuis une soixantaine d'années, ce système est toujours employé dans la vie quotidienne pour mesurer le poids d'une personne (**a stone** = 14 pounds = 6.3 kg), sa taille (**one foot** = 0,3 m) ainsi que pour les surfaces de terrains (**an acre** = 4046 m^2).

PAGES 112-113 – Vocabulaire thématique : Les loisirs

1 B* 2 A 3 B 4 B 5 C 6 B 7 C 8 A 9 A** 10 B***

* **A veil**, *un voile* ; **to veil**, *couvrir d'un voile*.

** Ne pas confondre avec son homophone **to sow**, *semer*.

*** Cet initialisme (prononcé [dii aïe ouaïe]) signifie **do it yourself** *(faites-le vous-même)* ; c'est la traduction la plus proche du nom français le *bricolage*.

Vous avez obtenu entre 0 et 15 ? Reprenez chaque question en regardant les endroits où vous avez fait des erreurs.

Vous avez obtenu entre 16 et 31 ? C'est très moyen, mais ne vous découragez pas.

Vous avez obtenu entre 32 et 49 ? Formidable ! Analysez les erreurs et, si besoin, révisez la ou les notions que vous ne maîtrisez pas complètement.

Vous avez obtenu entre 50 et plus ? You're really very good!

Module 12
BASICS

Corrigé page 124

Focus Les pronoms indéfinis composés

Choisissez le pronom qui convient. (Plusieurs réponses sont possibles dans certains cas.)

1. _____ wants to see me after work.
   A Someone B Somebody C Something
2. I know that Gary and Jackie live _____ near the town hall.
   A something B somewhere C somebody
3. I have _____ important to tell you.
   A something B somebody C somewhere
4. Can _____ help me please? I need some information.
   A something B somebody C someone
5. I love that song called "_____ Over the Rainbow".
   A Something B Somewhere C Someone

Maintenant, les phrases négatives :

1. I don't want to talk to _____ about the problem.
   A someone B anyone C anybody
2. You can choose _____ you like, but it must be cheap!
   A anything B someone C anyone
3. We can't find our friends _____.
   A anybody B anyone C anywhere
4. Don't tell _____ about this place. It's a secret.
   A someone B no one C anyone
5. You can't trust _____ if you're a spy!
   A anywhere B anyone C anybody

Astuce Il n'y a pas de différence entre **someone/somebody** ou **anyone/anybody**. À la rigueur, on peut dire que la terminaison **-one** est un peu plus formelle que **-body** mais, en pratique, les mots sont synonymes.

Focus Exprimer la possibilité / la permission

Choisissez la bonne formulation.

1. _____ ask you a question?
   A May I B May me C Do I

2. Your parcel _____ tomorrow, but I'm not sure.
   A may arrives B does arrive C may arrive

3. If you have finished this exercise, _____ home.
   A may you go B you may go C do you go

4. We _____ him in May, because the season doesn't start until June.
   A may not to see B can't to see C may not see

5. You _____ wrong. In fact, I hope you are.
   A can are B may are C may be

Astuce **May** exprime une possibilité mais aussi la politesse, notamment lorsqu'on pose une question. Pour la négation, il suffit d'ajouter **not** après ce verbe modal : **may not** (qui ne peut pas être contracté). Par ailleurs, souvenez-vous que **May**, avec une majuscule, signifie... le mois de *mai* !

Maintenant, choisissez la ou les bonnes formulations.

1. _____ play poker?
   A Can you B May you C May do you

2. _____ help you? – No thanks.
   A May I B Can I C Do I

3. There _____ a storm tomorrow.
   A can be B may be C is perhaps

4. _____ some oil and vinegar for my salad, please?
   A May I have B May I to have C Can I to have

5. We _____ Brighton this weekend. It depends on the weather.
   A may go to B can go to C may go

Module 12
BASICS

Astuce Contrairement à **may**, **can** exprime à la fois la capacité <u>et</u> la possibilité. Cependant, on peut utiliser l'un ou l'autre lorsqu'on demande la permission **(May I...?, Can I ...?)**. En principe, le premier est plus poli que le second, mais en pratique il n'y a pas – ou très peu – de différence.

Focus Les noms pluriels et les exceptions

Choisissez le mot qui convient. (Plusieurs réponses peuvent être possibles.)

1. The new series _____ on Channel Four tonight.
   - A starts
   - B start
   - C are start

2. The customs in Scotland _____ very different from English customs.
   - A are
   - B is
   - C 's

3. How _____ business? – Bad, because everybody now does their shopping online.
   - A 's
   - B 're
   - C 'd

4. The news from America _____ fascinating at the moment.
   - A are
   - B is
   - C does

5. They are very _____. They never spend any money.
   - A mean
   - B means
   - C meant

Astuce Il faut se méfier des « faux pluriels », ces noms qui se terminent par un « s » mais qui sont singuliers. Par ailleurs, certains noms propres qui dénotent un groupe de personnes (**police**, **government**, etc.) peuvent être singuliers OU pluriels. Il y a une différence sémantique mineure mais, d'un point de vue pratique, on emploie plutôt le pluriel.

Continuons.

1. My favourite means of communication _____ instant messaging.
   - A is
   - B are
   - C rien

2. Ireland _____ playing Scotland at rugby in Edinburgh on Saturday.
   - A is
   - B are
   - C does

3. The police _____ to interview a tall man with grey hair.
   - A are want
   - B wants
   - C want

4. A hundred pounds _____ a lot to pay for a pair of jeans.
   - **A** are
   - **B** be
   - **C** is

5. The government _____ to increase income tax next year.
   - **A** want
   - **B** wants
   - **C** must

Focus Le positionnement des adverbes (suite)

Dans les phrases suivantes, placez les adverbes à la bonne place :

1. a lot: to like
   - **A** We like a lot Birmingham.
   - **B** We a lot like Birmingham.
   - **C** We like Birmingham a lot.

2. well: to speak English
   - **A** In Sweden, they speak well English.
   - **B** In Sweden, they speak English well.
   - **C** In Sweden, they well speak English.

Corrigé page 124

3. at all: to know
   - **A** You don't know me at all, do you?
   - **B** You at all don't know me, do you?
   - **C** You don't know me, do you at all?

4. very much: to earn
   - **A** She doesn't very much earn as a hair stylist.
   - **B** She doesn't very earn much as a hair stylist.
   - **C** She doesn't earn very much as a hair stylist.

Astuce Si, en général, les adverbes se placent directement avant ou après le verbe, les quatre que nous venons de voir sont positionnés après le complément d'objet direct.

Module 12
BASICS

Choisissez le bon positionnement de l'adverbe dans ces phrases interrogatives :

1. often
   - A Do your teachers often correct your pronunciation?
   - B Do often your teachers correct your pronunciation?
   - C Do your teachers correct often your pronunciation?

2. ever
   - A Can the two competitors be ever friends?
   - B Can the two competitors ever be friends?
   - C Can ever the two competitors be friends?

Corrigé page 124

3. always
   - A Must we always tell the truth?
   - B Must always we tell the truth?
   - C Must we tell always the truth?

4 sometimes
   - A Are sometimes you late for work because of traffic?
   - B Are you late sometimes for work because of traffic?
   - C Are you sometimes late for work because of traffic?

Astuce À la forme interrogative, on place l'adverbe après le sujet de la phrase.

Focus Le vocabulaire américain et le vocabulaire britannique

Choisissez le mot américain qui correspond à son équivalent en anglais britannique.

1. a lift
   - A an elevator
   - B a rise
   - C a jumper

2. trousers
   - A shorts
   - B pants
   - C cords

3. a tin
   - A a can
   - B a container
   - C a metal box

4. a handbag
   (A) a backpack (B) a purse (C) a pocket book

5. a flat
   (A) a bed-sitter (B) a studio (C) an apartment

6. autumn
   (A) fall (B) leafy (C) harvest

7. a pavement
   (A) a footpath (B) a sidewalk (C) a passage

8. chips
   (A) crisps (B) fries (C) bits

9. sweets
   (A) toffees (B) treats (C) candy

10. a torch
   (A) a flame (B) a flashlight (C) a headlamp

Astuce Bien sûr, les Britanniques et les Américains ne sont pas les seuls anglophones sur terre. D'autres nations, telles l'Australie et la Nouvelle-Zélande, ont aussi leur propre vocabulaire, mais ces variantes sont moins connues. Dans l'ensemble, le vocabulaire américain est assez bien connu en Grande-Bretagne grâce aux médias, mais l'inverse n'est pas nécessairement vrai, donc un double apprentissage est conseillé, ne serait-ce que pour ne pas confondre l'essence et le gaz !

Focus Vocabulaire thématique : L'hôtellerie

Choisissez la bonne traduction. (Deux réponses sont parfois possibles.)

1. *réserver une chambre*
   (A) to book a room (B) to book a bedroom (C) to reserve a room

2. *régler sa note / payer sa chambre*
   (A) to pay the note (B) to check in (C) to check out

3. *une femme de chambre*
   (A) a room woman (B) a room maid (C) a chambermaid

4. *la pension complète*
   (A) full pension (B) complete pension (C) full board

5. *un hôtel économique*
   (A) an economical hotel (B) a budget hotel (C) an economic hotel

6. *une gouvernante*
   (A) a governess (B) a ruler (C) a housekeeper

7. *un coffre-fort*
   (A) a strongroom (B) a safe (C) a strongbox

8. *un oreiller*
   (A) a pillow (B) an ear rest (C) a bolster

9. *une salle de bain privée*
   (A) a private bathroom (B) an en-suite bathroom (C) a bathroom suite

10. *un portier*
   (A) a doorman (B) a porter (C) a bellhop

VOCABULARY

Verbes

to trust	*faire confiance à*
to increase	*augmenter*
to earn	*gagner* (argent)

Adverbes, pronoms, etc.

until	*jusque / jusqu'*
someone **anyone**	*quelqu'un* affirmatif (synonyme de **somebody**) *quelqu'un* interrogatif / négatif (synonyme de **anybody**)

Noms

cords	*pantalon en velours côtelé*
footpath	*sentier*
harvest	*récolte*
headlamp / headlight	*phare* (voiture, etc.)
jumper	*pull* (GB) *robe chasuble* (US) **À noter :** Le sens littéral est *sauteur* !
means	*moyen(s)*
oil	*huile*
parcel	*colis, paquet*
pocket	*poche*
rise	*augmentation*
series (sing.)	*série*
tin	*étain* (indénombrable)
truth	*vérité*

Différences entre l'anglais britannique et l'anglais américain

GB	US	Traduction
pavement	**sidewalk**	*trottoir*
sweets	**candy**	*bonbons*
tin	**can**	*boîte en fer blanc*
torch	**flashlight**	*lampe de poche*
trousers	**pants**	*pantalon* (singulier)

Adjectifs

fascinating	*fascinant*
grey (GB) **gray** (US)	*gris*
leafy	*couvert de feuilles* (**leaf**, **leaves**)
mean	*avare, mesquin*
tall	*haut, de grande taille*

Module 12
CORRIGÉ

Basics

VOTRE SCORE :

PAGE 116 – Les pronoms indéfinis composés
1 A et B | 2 B | 3 A | 4 B et C | 5 B
1 B et C | 2 A | 3 C | 4 C | 5 B et C

PAGE 117 – Exprimer la possibilité / la permission
1 A | 2 C | 3 B | 4 C | 5 C
1 A | 2 A et B | 3 B | 4 A | 5 A*
* Grammaticalement, la réponse b) serait correcte aussi, mais, en contexte, on exprime la possibilité **(may)** plutôt que la capacité **(can)**.

PAGES 118-119 – Les noms pluriels et les exceptions
1 A | 2 A* | 3 A | 4 B | 5 A**
1 A** | 2*** A et B | 3*** B et C | 4 C | 5*** A et B
* **Customs**, au pluriel, peut aussi signifier *la douane*. Même si les coutumes en Écosse peuvent différer des coutumes anglaises, il n'existe pas (encore) de frontière internationale entre les deux pays.
** **Mean** : ne confondez pas l'adjectif invariable *(mesquin)* avec le nom **means**, toujours au pluriel dans le sens de *le(s) moyen(s)*.
*** Voir l'Astuce.

PAGES 119-120 – Le positionnement des adverbes (suite)
1 C | 2 B | 3 A | 4 C
1 A | 2 B | 3 A | 4 C

PAGES 120-121 – Le vocabulaire américain et le vocabulaire britannique
1 A | 2 B | 3 A | 4 B | 5 C | 6 A | 7 B | 8 B* | 9 C** | 10 B
* Voir corrigé Module 9.
** Nom collectif en anglais américain.

PAGES 121-122 – Vocabulaire thématique : L'hôtellerie
1 A et C | 2 C* | 3 C | 4 C | 5 B | 6 C | 7 B** | 8 A*** | 9 B | 10 A****
* **to check in**, *arriver et s'enregistrer*
** **a strongroom**, *une salle des coffres* ; **a strongbox**, *une cassette de sécurité* (amovible)
*** **a bolster**, *un traversin*
**** **a porter**, *un porteur* ; **a bellhop** (US) / **a bellboy** (GB), *un groom*

Vous avez obtenu entre 0 et 15 ? Reprenez chaque question en regardant les endroits où vous avez fait des erreurs.
Vous avez obtenu entre 16 et 31 ? C'est très moyen, mais ne vous découragez pas.
Vous avez obtenu entre 32 et 47 ? Formidable ! Analysez les erreurs et, si besoin, révisez la ou les notions que vous ne maîtrisez pas complètement.
Vous avez obtenu 48 et plus ? You're really very good!

Corrigé page 133

Focus Les verbes réfléchis

Ajoutez le pronom réfléchi correspondant au pronom personnel sujet entre parenthèses.

1. We really enjoy (we) when we are on holiday.
   (A) us (B) ourself (C) ourselves
2. Here are some home-made scones, Lily: help (you).
   (A) yourself (B) yourselves (C) your
3. Can I make (I) some breakfast?
   (A) me (B) myself (C) mine
4. The English term for "bricolage" is Do It (You).
   (A) Yourselves (B) Yourself (C) Youself
5. They want to buy (they) a bungalow.
   (A) themself (B) they (C) themselves
6. The new oven cleans (it).
   (A) itselves (B) itself (C) its
7. Welcome, Mr and Mrs Bridger. Make (you) at home.
   (A) yourself (B) youselves (C) yourselves
8. The dog hurt (it) in the front garden.
   (A) itselves (B) itself (C) it's
9. Cathy is very angry with (she).
   (A) her (B) herself (C) herselves
10. You and your partner must be honest with (you).
    (A) yourself (B) you and her (C) yourselves

Astuce Faites attention à ne pas confondre les pronoms réfléchis et les pronoms personnels compléments : **I help myself,** *Je me sers*, et non ~~**I help me**~~ !

Focus Les verbes réfléchis : différences entre l'anglais et le français

Choisissez la bonne formulation.

Corrigé page 133

1. to sit
   - A Please sit you down.
   - B Please sit down yourself.
   - C Please sit down.

2. to feel
   - A I feel sick.
   - B I feel me sick.
   - C I feel myself sick.

3. to shave
   - A He shaves himself once a week.
   - B He shaves once a week.
   - C He shaves him once a week.

4. to wash
   - A She washes herself in cold water.
   - B She wash in cold water.
   - C She washes in cold water.

5. to wake up
   - A We wake us up at six o'clock every morning.
   - B We wake ourselves up at six o'clock every morning.
   - C We wake up at six o'clock every morning.

Astuce Il est important de bien apprendre ces quelques verbes qui sont réfléchis ou réciproques en français mais pas en anglais, car l'ajout d'un pronom réfléchi (**myself**, etc.) peut en changer le sens. Par exemple **I wash myself** (au lieu de simplement **I wash**) signifierait que l'on se savonne soi-même, sans aide !

Poursuivons.

1. to concentrate
   - A Concentrate on your studies.
   - B Concentrate yourself on your studies.
   - C Concentrate your studies.

2. to worry
   - A I worry about money.
   - B I am worry about money.
   - C I worry myself about money.

3. to relax
   - A Relax yourself: it's Friday!
   - B Relax: it's Friday!
   - C Be relax: it's Friday!

4. to stand up
   - A Stand up!
   - B Stand you up!
   - C Stand yourself up!

5. to go to bed
   - A He go to his bed very late.
   - B He go to bed very late.
   - C He goes to bed very late.

Focus Absence d'action

Choisissez le mot qui convient pour compléter les phrases.

1. He _____ closes the fridge door properly.
   - A never
   - B neither
   - C not ever

2. I don't think she can _____ be president. She's too honest.
   - A never
   - B ever
   - C sometimes

3. I _____ keep my promises.
   - A ever
   - B always
   - C never not

4. The health minister is very arrogant. He _____ apologises.
   - A nor ever
   - B does ever
   - C never

5. "Buy it now, love it for _____" is a great advertising slogan.
   - A ever
   - B never
   - C later

Module 13
BASICS

1. "_____ Again" is an American student movement for gun control.
   - A Always
   - B Ever
   - C Never

2. Does he _____ answer his phone? I need an answer today.
   - A always
   - B never
   - C not always

3. Get in touch if you are _____ in the neighbourhood.
   - A forever
   - B sometimes
   - C ever

4. Don't you go for long walks in the country? – No, _____.
   - A I ever
   - B never
   - C I never

5. You _____ _____ buy me diamonds! – I know, I'm broke.
   - A never – always
   - B ever – never
   - C never – ever

Astuce Si **never** signifie *ne… jamais* et s'emploie avec un verbe à l'affirmatif, l'expression **never ever**, avec ce même type de verbe, renforce le côté dramatique du propos : *jamais au grand jamais.*

Focus Le mode impersonnel

Choisissez la formulation qui correspond le mieux à la forme impersonnelle (« on ») en français.

1. There are so many fun activities that _____ never bored.
   - A you get
   - B he is
   - C you are

2. _____ even work out in the gym.
   - A You can
   - B They are
   - C She does

3. _____ that knowledge is power.
   - A There is
   - B They say
   - C It says

4. What do you and your friends want to do? – _____ to play golf.
   - A We want
   - B They want
   - C It wants

5. In France, _____ celebrate Boxing Day.
   - A people don't
   - B it is not
   - C there is not

Astuce Bien que le pronom impersonnel **one** existe en anglais, il est peu utilisé car trop formel. Il faut employer un pronom personnel comme **we** (si la personne qui parle fait partie du groupe en question : **In England, we...**, *En Angleterre, nous/on...*) ou **they** (si elle est en dehors de ce groupe **(In China, they...**, *En Chine, on/ils...* **)**. Dans le deuxième cas, **people** est aussi utilisé **(In China, people...)**.

Focus Les verbes à particules courants (suite)

Choisissez la bonne formulation.

1. Two salads and a beer. That _____ thirty dollars.
   (A) comes to (B) comes back (C) comes up
2. I want to _____ this dress.
   (A) try on (B) try up (C) try down
3. It's too early. Please _____ this evening.
   (A) come to (B) come back (C) come in
4. Hello and welcome. Please _____...
   (A) come by (B) come to (C) come in
5. .... and _____ your shoes.
   (A) take up (B) take in (C) take off
6. This is Maeva. She _____ Martinique.
   (A) comes from (B) comes through (C) comes about

Astuce Le sens des verbes à particule est souvent difficile à déceler à partir des éléments qui les composent. Voilà pourquoi il faut les apprendre en contexte.

Focus L'infinitif

Corrigé page 133

Choisissez la bonne formulation.

1. I want _____ for the position at the city college.
   (A) you to apply (B) you apply (C) that you apply
2. What time do you expect your guests _____?
   (A) arrive (B) arriving (C) to arrive

3. Please tell them _____.
   - A be quiet
   - B to be quiet
   - C that they are quiet

4. I _____ an email rather than a letter.
   - A prefer send
   - B prefer that I send
   - C prefer to send

5. We _____ from you soon.
   - A hoping to hear
   - B hope to hear
   - C hope to be hear

Astuce Les verbes qui expriment un désir ou un souhait concernant une action à venir sont suivis d'un infinitif. Le subjonctif est peu utilisé en anglais courant.

Complétez les phrases suivantes à la forme négative :

1. We advise you _____ anyone about your relationship.
   - A to tell not
   - B not to tell
   - C tell not

2. Can you persuade them _____ food?
   - A to waste not
   - B not to waste
   - C waste any

3. We have a problem: we _____ to our account.
   - A can't log on
   - B can't to log on
   - C to can't log on

4. The hotel asks you _____ food into your room.
   - A don't bring
   - B not to bring
   - C to bring not

5. The show starts in half an hour so _____ late.
   - A we mustn't to be
   - B we mustn't be
   - C we must to not be

Astuce La négation de l'infinitif se forme simplement en ajoutant **not** devant **to (not to think)**. Cependant, certains anglophones placent cette particule, ou un autre adverbe, après **(to not think)**. On parle alors d'un **split infinitive** *(infinitif divisé)*. Le débat fait rage entre les puristes et les « modernistes », notamment les Américains. Pour ne froisser personne, restez traditionnel et placer **not** devant **to** !

Focus Vocabulaire thématique : Le temps

Corrigé page 133

Choisissez la bonne traduction.

1. *le brouillard*
   A fog B draft C frog

2. *le tonnerre*
   A barrel B thunder C lightning

3. *le gel, la gelée*
   A frozen B freeze C frost

4. *la grêle*
   A hail B breeze C drought

5. *un temps doux*
   A mild weather B soft weather C gentle weather

6. *un bulletin de météo*
   A a meteorological projection
   B a weather bulletin
   C a weather forecast

7. *une averse*
   A a bath B a shower C a snowfall

8. *Le temps est variable.*
   A The weather is varying.
   B The weather is changeable.
   C The weather varies.

9. *Il pleut à verse.*
   A It's raining.
   B It's pouring.
   C It's raining cats.

10. *C'est nuageux.*
    A It's cloudy. B It's misty. C It's overcast.

Module 13
VOCABULARY

Verbes

to apologise	*s'excuser, présenter ses excuses*
to be broke	*être fauché*
to be in touch	*être en contact*
to hear **to hear from**	*entendre* *avoir des nouvelles de*
to log on	*se connecter* (réseau, etc.)
to send	*envoyer*
to shave	*(se) raser*
to stand up	*se mettre debout*
to take off	*enlever* (vêtement), *décoller* (avion)
to try on	*essayer* (vêtement, etc.)
to wake up	*se réveiller*
to wash	*(se) laver*
to waste	*gaspiller*

Noms

advertising	*publicité*
Boxing Day (UK)	*le 26 décembre* **À noter :** autrefois, les ménages bourgeois offraient des cadeaux, présentés en *boîtes* (**boxes**), à leurs domestiques.
diamond	*diamant*
gun	*fusil*
health	*santé*
knowledge	*connaissance(s)*
power	*pouvoir, puissance*
scone	*petit pain anglais*
walk	*promenade*

Adjectifs

home-made	*fait maison*
quiet	*tranquille, calme, silencieux*
sick	*malade* (syn. **ill**)

Module 13
CORRIGÉ

VOTRE SCORE :

Basics

PAGE 125 – Les verbes réfléchis

1 C | 2 A | 3 B | 4 B | 5 C | 6 B | 7 C | 8 B | 9 B | 10 C

Les fausses réponses composées d'un nom singulier avec **-selves** et d'un pluriel avec **-self** sont des mots inventés.

PAGES 126-127 – Les verbes réfléchis : différences entre l'anglais et le français

1 C | 2 A | 3 B | 4 C | 5 C

1 A | 2 A | 3 B | 4 A | 5 C

PAGES 127-128 – Absence d'action

1 A | 2 B | 3 B | 4 C | 5 A

1 C | 2 B | 3 C | 4 B | 5 C

PAGE 128 – Le mode impersonnel

1 C | 2 A | 3 B | 4 A | 5 A*

* **They**, au lieu de **people**, serait aussi une réponse correcte.

PAGE 129 – Les verbes à particules courants (suite)

1 A | 2 A | 3 B | 4 C | 5 C | 6 A

PAGES 129-130 – L'infinitif

1 A | 2 C | 3 B | 4 C | 5 B

1 B | 2 B | 3 A | 4 B | 5 B

PAGE 131 – Vocabulaire thématique : Le temps

1 A* | 2 B** | 3 C | 4 A*** | 5 A | 6 C | 7 B**** | 8 B | 9 B***** | 10 A

* **a frog**, *une grenouille*

** **a barrel**, *un tonneau*

*** **a breeze**, *une brise* ; **a drought**, *une sècheresse*

**** Rappelons que **a shower** signifie aussi *une douche*.

***** Il existe une expression idiomatique, **It's raining cats and dogs** (litt. « il pleut des chats et des chiens »), mais elle est peu utilisée en anglais moderne.

Vous avez obtenu entre 0 et 15 ? Reprenez chaque question en regardant les endroits où vous avez fait des erreurs.

Vous avez obtenu entre 16 et 31 ? C'est très moyen, mais ne vous découragez pas.

Vous avez obtenu entre 32 et 49 ? Formidable ! Analysez les erreurs et, si besoin, révisez la ou les notions que vous ne maîtrisez pas complètement.

Vous avez obtenu 50 et plus ? You're really very good!

Module 14
BASICS

Focus La forme continue des verbes non défectifs

Corrigé page 143

Choisissez la bonne formulation.

1. _____ the coach to Glasgow tomorrow afternoon.
   - A We're taking
   - B We taking
   - C We's taking

2. Layla now _____ in San Franciso and _____ to Silicon Valley every day.
   - A living – driving
   - B lives – drives
   - C is live – is driving

3. At the moment we _____ cash, not cheques or cards.
   - A canning only accept
   - B can only accept
   - C can only accepting

4. My step-brother and sister _____ us next month.
   - A come to see
   - B come to seeing
   - C are coming to see

5. I love the single. Now _____ the rest of the songs.
   - A I'm wanting to download
   - B I do want to download
   - C I want to download

6. Harry usually _____ in sales but today he is _____ in technical support.
   - A works – works
   - B working – works
   - C works – working

7. We must _____ immediately, not _____ until tomorrow.
   - A act – wait
   - B acting – waiting
   - C to act – to wait

8. That comedian is really funny: he always _____.
   - A is making me laugh
   - B makes me to laugh
   - C makes me laugh

9. She's very excited because she _____ a baby in June.
   - **A** is having
   - **B** has
   - **C** wants

10. Maya _____ money because she _____ to college in the fall.
   - **A** is needing to save – is going
   - **B** needs – to go
   - **C** needs – is going

Astuce Les verbes de préférence ou de perception **(to see, to believe, to want, to feel, etc.)** n'ont pas de forme progressive lorsqu'ils sont employés dans leur sens propre. Cependant, certains ont aussi un sens figuratif. Par exemple, **I'm seeing Mike tomorrow** veut dire que le sujet a rendez-vous avec Mike en personne demain. Ou encore **Sue is feeling better** se réfère à l'état de santé de Sue, non pas à la sensation de sentir ou toucher quelque chose.

Maintenant, mettez les phrases suivantes à la forme négative ou interrogative :

1. What _____? – I'm looking for an address in my phone.
   - **A** you are doing
   - **B** do you do
   - **C** are you doing

2. My company _____ my salary this year.
   - **A** does not raise
   - **B** is not raise
   - **C** is not raising

3. We _____ to think about old age!
   - **A** don't want
   - **B** are wanting not
   - **C** aren't wanting

4. Some people now deny climate change and say that temperatures _____.
   - **A** do not rise
   - **B** are not rising
   - **C** don't rising

5. _____ me? I'm sorry that I'm late.
   - **A** Are you waiting for
   - **B** Do you wait for
   - **C** Are you wait for

6. _____ me where they are at the moment?
   - **A** Can you telling
   - **B** Are can you telling
   - **C** Can you tell

7. _____ leave the party but I have to catch the last bus.
   - **A** I'm hating to
   - **B** I hate to
   - **C** I am hate

Module 14
BASICS

Focus Les adverbes irréguliers (suite)

Corrigé page 143

Quel est le bon adverbe pour chacun de ces adjectifs ?

1. hard
   (A) hardly (B) hardy (C) hard
2. fast
   (A) fast (B) fastly (C) fastely
3. good
   (A) goodly (B) goody (C) well
4. early
   (A) earlily (B) early (C) earily
5. long
   (A) longingly (B) longly (C) long
6. late
   (A) lately (B) latily (C) late

Focus Vocabulaire thématique : Le tourisme / Les vacances

Choisissez la bonne traduction. (Plusieurs réponses sont parfois possibles.)

1. *en vacances*
   (A) on holiday (B) in holiday (C) on vacation
2. *un vacancier*
   (A) a holiday-goer (B) a holidayist (C) a holiday-maker
3. *un guide de conversation*
   (A) a conversation book (B) a phrasebook (C) a talk guide
4. *un voyage organisé*
   (A) a package holiday (B) an organised tour (C) a staycation
5. *une escale (avion)*
   (A) a stage (B) a layover (C) a ladder

6. *une location de vacances*

   A a holiday location B a self-catering holiday C a rental holiday

7. *le bronzage*

   A suntan B sunburn C sunstroke

8. *à l'étranger*

   A to the foreign B to the outside C abroad

9. *un voyagiste*

   A a traveller B a voyager C a tour operator

10. *l'hébergement*

    A hosting B accommodation C homestay

Verbes

to be in a hurry	*être pressé*
to begin	*commencer* (synonyme de **to start** Module 4)
to believe	*croire*
to catch	*attraper, prendre*
to cry ✋!	*pleurer* (ne pas confondre avec **to shout**, *crier*)
to go away	*partir*
to go back	*retourner* (en arrière)
to go up	*monter, augmenter* (intransitif)
to hate	*haïr, détester*
to kiss	*(s')embrasser*
to laugh	*rire* (prononcé [larf])
to miss	*manquer, rater*
to raise	*augmenter* (verbe transitif, ne pas confondre avec **to rise**)
to rest ✋!	*se reposer* (ne pas confondre avec **to stay**)
to rise	*augmenter, monter* (verbe intransitif, ne pas confondre avec **to raise**)
to save	*sauver, économiser*

Module 14
VOCABULARY

to split	*fendre, fractionner*
to stay	*rester* (ne pas confondre avec **to rest**)
to wait (for)	*attendre*
to wonder	*se demander*

Noms

amount	*montant*
beginning	*début*
border	*frontière*
college ✋!	*établissement d'enseignement supérieur, université (US)*
couch	*canapé*
crossroads	*carrefour* (invariable ; litt. « rues qui se croisent »)
decade ✋!	*décennie*
drive	*trajet en voiture* (voir Module 4)
fortnight (GB) **two weeks** (US)	*quinzaine* (période de temps)
leap year	*année bissextile*
sales	*ventes, service commercial*
step **step-brother**	*pas, marche* *beau-frère* (ainsi **step-sister**, *belle-sœur* ; **step-father**, *beau-père*, etc.)
trend	*tendance*

Adjectifs

fair	*juste* (pensez à **fair play**)
funny	*drôle*
late	*en retard* (voir Module 1)

Module 14
CORRIGÉ

Basics

VOTRE SCORE :

PAGES 134-136 – La forme continue des verbes non défectifs

1 A | 2 B | 3 B | 4 C | 5 C | 6 C | 7 A | 8 C* | 9 A | 10 C

* Faux-ami : **a comedian**, *un(e) humoriste* ; **an actor**, *un(e) comédien(ne).*

1 C | 2 C | 3 A | 4 B | 5 A | 6 C | 7 B | 8 C | 9 B | 10 A

PAGES 136-137 – Les verbes pronominaux réciproques

1 B | 2 A | 3 B | 4 B | 5 B

1 A | 2 B | 3 C | 4 B | 5 C*

* Faux-ami : **a play**, *une pièce de théâtre* ; **to play**, *jouer un jeu*, **a game**, *un jeu.*

PAGE 138 – Les expressions de temps

1 B | 2 A* | 3 B | 4 B | 5 C

* **A fortnight** est une contraction de **fourteen nights**, *quatorze nuits*, soit *une quinzaine*. Le terme n'est pas employé en anglais américain, où l'on dit simplement **two weeks**.

PAGES 138-139 – Les verbes à particule : **to go**

1 A | 2 B | 3 C | 4 C | 5 B

PAGE 139 – Les adjectifs et adverbes particuliers

1 B | 2 C | 3 A | 4 C | 5 C

PAGE 140 – Les adverbes irréguliers (suite)

1 C* | 2 A | 3 C | 4 B* | 5 C** | 6 C*

* **Hard**, **early** et **late** sont à la fois adjectifs et adverbes. Toutefois, **hardly** et **lately** signifient, respectivement, *à peine* et *ces derniers temps.*

** **Longingly** est l'adverbe formé à partir du nom **a longing**, *un désir, une envie.*

Pages 140-141 – Vocabulaire thématique : Le tourisme / Les vacances

1 A et C* | 2 C** | 3 A | 4 A*** | 5 B | 6 B**** | 7 A***** | 8 C | 9 C | 10 B******

* **holiday** GB, **vacation** US

** **vacationer** en anglais US

*** **Staycation** est un néologisme récent (**to stay**, *rester* + **vacation**) : des vacances passées à la maison.

**** **to cater**, *préparer les repas*

***** **sunburn**, *coup de soleil* ; **sunstroke**, *insolation*

****** **Hosting** est la traduction de *hébergement* dans le contexte des sites informatiques.

Vous avez obtenu entre 0 et 15 ? Reprenez chaque question en regardant les endroits où vous avez fait des erreurs.

Vous avez obtenu entre 16 et 31 ? C'est très moyen, mais ne vous découragez pas.

Vous avez obtenu entre 32 et 49 ? Formidable ! Analysez les erreurs et, si besoin, révisez la ou les notions que vous ne maîtrisez pas complètement.

Vous avez obtenu 50 et plus ? You're really very good!

Module 15
BASICS

Focus Les intensifs

Corrigé page 152

Choisissez la bonne formulation.

1. There's _____ to do, and we have _____ time!
   (A) so much – so little (B) such – such little (C) such – not such
2. My little brother _____ talented that he can walk and talk at the same time...
   (A) is such (B) is so (C) is such a
3. Gary is _____ nice guy. He is always friendly.
   (A) so a (B) such a (C) so
4. It's _____ beautiful evening. Let's go for a walk.
   (A) a such (B) so much (C) such a
5. The Hartnells are _____ people.
   (A) such generous (B) so generous (C) so a generous
6. I'm _____ that I will drink anything, even water!
   (A) so thirsty (B) such thirsty (C) such a thirst
7. I'm having _____ at university, but I don't study very much.
   (A) so a good time (B) such a good time (C) such good a time
8. Don't argue _____. You're making me angry.
   (A) such (B) such much (C) so much
9. "The Hobbit" is _____ book, but I don't like the movies.
   (A) such a great (B) so a great (C) such great
10. They are _____. You're a wonderful photographer.
   (A) so brilliant photographs
   (B) such brilliant photographs
   (C) brilliant such photographs

Astuce L'ordre des mots est important, notamment au singulier : **such a great**, pas **so a great**. Il existe des formules littéraires plus complexes mais, en anglais courant, ces quelques règles suffisent.

Focus *To get* (suite)

Remplacer le verbe en gras par un équivalent, formé avec ***get****.*

1. What time do you **awaken** in the morning? – As late as possible.
   A get up — B get on — C get down

2. When you **board** the plane, please take your seats as quickly as possible.
   A get through — B get off — C get on

3. Our family always **assembles** for a party every New Year.
   A gets by — B gets together — C gets around

4. Jason is **recovering from** a bad cold.
   A getting back — B getting over — C getting in

5. Please call me when you **arrive at** the station.
   A get in — B get at — C get to

Astuce Il n'y a pas toujours de logique apparente dans le choix de la particule qui suit **get**. C'est pourquoi il faut apprendre par cœur les exemples les plus courants. **Get it?** *(Compris ?)*

Focus *Else*

Choisissez la bonne formulation.

1. Nick, Sarah and Bill are all coming to the get-together. _____?
   A What else — B Who else — C Where else

2. We're visiting Greece, Spain and Austria on our travels. – _____?
   A Where else — B How else — C What else

3. _____ can I do to help you? – Nothing, thanks.
   A What else — B Where else — C Which else

4. Is there _____ that I need to know?
   A anything else — B anywhere else — C anybody else

5. I don't have a card. _____ can I pay?
   A Why else — B How else — C Where else

Astuce **Else** implique la notion de *ailleurs* ou *autre*. Il existe aussi le mot composé **elsewhere**, *par ailleurs*.

Focus Les infinitifs irréguliers de *must* et *can*

Choisissez la bonne formulation.

1. We can't afford to go on holiday now. I hope _____ in June.
   - A to be able to go
   - B to can go
   - C can to go

2. I hope I don't _____ long. I'm very tired.
   - A have wait
   - B have to wait
   - C must wait

3. When they finish the course, they want _____ use a computer.
   - A to can use
   - B to be able to
   - C to be able can

4. Do you _____ leave now? It's so early.
   - A must
   - B have
   - C have to

Astuce Par définition, certains temps, modes ou personnes font défaut aux verbes défectifs. **Can** et **must** n'ont pas, non plus, d'infinitif régulier formé avec **to**. Ainsi utilise-t-on respectivement **to be able to** et **to have to**.

Focus Le futur immédiat : la forme interrogative

Corrigé page 152

Choisissez la bonne formulation.

1. _____ that email? It's important.
   - A When are you going to answer
   - B When you are going to answer
   - C When you go to answer

2. _____ us move the furniture? – No, they're too tired.
   - A Are they going help
   - B Do they go to help
   - C Are they going to help

3. _____ your meal?
   - (A) Aren't you going to finish
   - (B) Aren't you going finish
   - (C) Isn't you going to finish

Corrigé page 152

4. _____ weight if keeps eating so much?
   - (A) How he's going to lose
   - (B) How is he going to lose
   - (C) How he goes to lose

5. _____ watch the match because they don't have enough time.
   - (A) They isn't going to
   - (B) They aren't going to
   - (C) They don't going to

Focus La forme progressive (ou continue)

Choisissez la bonne formulation.

1. How often _____ your tank with petrol? – Three times a week!
   - (A) do you fill
   - (B) are you filling
   - (C) you fill

2. Look! Someone _____ the door.
   - (A) tries to open
   - (B) is trying to open
   - (C) tries to opening

3. The sun _____ in the east and _____ in the west.
   - (A) rises – sets
   - (B) rise – set
   - (C) is rising – is setting

4. Because of the economic crisis, prices _____ and growth _____.
   - (A) rise – falls
   - (B) are rising – is falling
   - (C) rising – falling

5. We always _____ at my parents' house when we _____ to England.
   - (A) staying – coming
   - (B) are staying – coming
   - (C) stay – come

Module 15
BASICS

1. What _____? – I'm _____ to go out.

Corrigé page 152

- A are you doing – getting ready
- B do you do – get ready
- C are you doing – get ready

2. It's _____. Let's _____ into the house.

- A starts raining – go
- B starts to rain – going
- C starting to rain – go

3. When _____ your house? – We're _____ it on the market today.

- A are you selling – put
- B are you selling – putting
- C you selling – putting

4. I _____ the train to Brussels but this time I _____.

- A usually take – 'm fly
- B usually take – 'm flying
- C am usually taking – 'm flying

5. _____ a lottery ticket? – No, I _____ in miracles.

- A Do you want to buy – don't believe
- B Are you wanting to buy – am not believing
- C Do you want buying – am not believing

Astuce Le présent simple s'emploie pour une action habituelle, alors que la forme continue (ou progressive) dénote les actions qui se déroulement soit au moment où l'on parle soit dans un proche avenir (à l'exception des verbes qui ne peuvent pas se conjuguer ainsi.

Focus Ordre des mots : la place du sujet

Choisissez la bonne formulation.

Corrigé page 152

1. Excuse me, can you tell me where _____?
   - A is the Sussex Hotel
   - B the Sussex Hotel is
   - C can be the Sussex Hotel

2. I don't know how _____ without a television. – Very easily!
   - A people can live
   - B can people live
   - C people are living

3. This isn't my house, so I'm not sure _____.
   - A where is the toilet
   - B where the toilet is
   - C where be the toilet

4. Call the airline and ask them _____.
   - A what time does open the check-in
   - B what time opens the check-in
   - C what time the check-in opens

5. I admire the efforts _____ in terms of recycling.
   - A that makes the company
   - B that is making the company
   - C that the company is making

Astuce Dans certains cas, contrairement au français, le sujet se place devant le verbe, notamment avec une proposition précédée de **where**, **what**, **how**, etc.

Focus Inclusion / Exclusion (suite)

Choisissez la bonne formulation.

1. The cake is delicious but I'm full! – _____!
   - A So do I
   - B So am I
   - C I so am.

2. Alvin likes to cook, but what about his girlfriend? – _____.
   - A So does she
   - B So she does
   - C She so

3. They don't want to rent their house to a stranger. – _____.
   (A) Neither do we (B) Neither we (C) Neither we want

4. We're going to complain to the manager. – _____.
   (A) And are they (B) So they are (C) So are they

5. I honestly can't stand selfies. – _____.
   (A) Neither can I (B) So can't I (C) So do I

Astuce Rappelons que l'expression **Me too** (Module 10) ne s'emploie qu'à la première personne du singulier.

Focus Vocabulaire thématique : La maison

Choisissez la bonne traduction. (Parfois deux réponses sont possibles.)

1. *le rez-de-chaussée*
   (A) the ground floor (B) the first floor (C) the entrance

2. *la salle à manger*
   (A) the dining room (B) the eating room (C) the supper room

3. *une cheminée*
   (A) a chimney (B) a furnace (C) a fireplace

4. *un immeuble*
   (A) a building (B) a block of flats (C) a tower block

5. *les toilettes*
   (A) the toilet (B) the bathroom (C) the water room

6. *un store*
   (A) a shop (B) a blind (C) a window

7. *le salon*
   (A) the living room (B) the study (C) the saloon

8. *le plancher*
   (A) the plank (B) the floor (C) the door

9. *la chambre d'amis*
   (A) the friendly room (B) the friends' room (C) the guest room

10. *une porte-fenêtre*

(A) window door (B) a French window (C) a door window

Verbes

to be able to	*pouvoir* (forme infinitive de **can**)
to have to	*devoir* (forme infinitive de **must**)

to afford	*avoir les moyens, se permettre*
to fill	*remplir*
to get on*	*monter sur, dedans, à bord*
to get over*	*récupérer*
to get ready*	*(se) préparer*
to get together*	*se réunir*
to grow	*augmenter*, *grandir*, *croître*
to lose	*perdre*
to set	*se coucher* (soleil)

* Ces verbes prépositionnels sont plutôt familiers.

Adverbes, pronoms, etc.

else	*d'autre(s)*
elsewhere	*par ailleurs*

Noms

furniture	*meubles*
growth	*croissance*
stranger	*étranger* (personne qu'on ne connaît pas ; ≠ **foreigner**, personne de nationalité différente)

Adjectifs

friendly	*aimable*, *gentil* (**a friendly match**, *un match amical*)
wonderful	*merveilleux*

Module 15
CORRIGÉ

VOTRE SCORE :

Basics

PAGE 144 – Les intensifs

1 A | 2 B | 3 B | 4 C | 5 A | 6 A | 7 B | 8 C | 9 A | 10 B*

* Faux-ami : **a photographer**, *un(e) photographe* ; **photography**, *la photographie* ; **a photograph**, *une photographie* (généralement abrégé en **a photo**).

PAGE 145 – **To get** (suite)

1 A | 2 C* | 3 B | 4 B | 5 C

* **to get off a plane**, *descendre d'un avion*

PAGE 145 – **Else**

1 B | 2 A | 3 A | 4 A | 5 B

PAGE 146 – Les infinitifs irréguliers de **must** et **can**

1 A | 2 B | 3 B | 4 C

PAGES 146-147 – Le futur immédiat : la forme interrogative

1 A | 2 C | 3 A | 4 B | 5 B

PAGES 147-148 – La forme progressive (ou continue)

1 A | 2 B | 3 A | 4 B | 5 C

1 A | 2 C | 3 B | 4 B* | 5 A

* Les adverbes comme **normally**, **usually**, etc. indiquent une habitude et, de ce fait, exigent la forme simple du verbe.

PAGE 149 – Ordre des mots : la place du sujet

1 B | 2 A | 3 B | 4 C | 5 C

PAGES 149-150 – Inclusion / Exclusion (suite)

1 B* | 2 A | 3 A | 4 C | 5 A

* **To be full**, littéralement « être plein », signifie simplement *être repu*.

PAGES 150-151 – Vocabulaire thématique : La maison

1 A et B* | 2 A | 3 A et C** | 4 B et C*** | 5 A et B | 6 B | 7 A | 8 B | 9 C | 10 B

* Aux États-Unis, le rez-de-chaussée est compté comme le premier étage d'un bâtiment, à la différence de la Grande-Bretagne.

** **A fireplace** (« place du feu ») est *le foyer* du feu alors que **the chimney** est *la conduite d'évacuation*.

*** **A building** s'applique à n'importe quel bâtiment.

0 - 15 À revoir ; **16 - 31** Moyen ; **32 - 47** Formidable ! ; **48 et plus** You're really very good!

Focus Les verbes suivis d'un gérondif

Choisissez la bonne formulation.

1. I _____ my neighbours because they are very unpleasant.
   A avoiding to talk B avoid talking to C avoiding talking to
2. We really hope _____ in the near future.
   A seeing you B to see you C see you
3. We really _____ to your friends. They're very nice.
   A enjoying talking B enjoying to talk C enjoy talking
4. I hate _____. It's so stressful.
   A to move house B moving house C to moving house
5. They really must stop _____. It's so bad for them.
   A smoking B to smoke C and smoke

Astuce Dans certaines combinaisons de verbes, notamment avec **to like**, le second élément peut, dans certains cas, être soit un gérondif soit un infinitif. Dans d'autres cas, il y a une différence de sens (**I stop smoking**, *J'arrête de fumer* vs **I stop to smoke**, *J'arrête pour fumer*). Commencez donc à apprendre les constructions où le gérondif est obligatoire (**to keep** + **-ing**, **to enjoy** + **-ing**, etc.).

1. The market closes in ten minutes and I can't _____.
   A to risk to be late B risk being late C risk to being late
2. We don't want _____ but you never help around the house.
   A to complain B complaining C to make complain
3. If you _____, you become more confident.
   A keeping to try B keep to try C keep trying
4. Tell me when you _____ your house. I can help.
   A deciding to decorate
   B decide decorating
   C decide to decorate
5. When you _____ the walls, can you help me in the bathroom?
   A finish painting B finishing to paint C finish to paint

Corrigé page 161

Focus Les pronoms réfléchis (suite)

Choisissez la bonne formulation.

1. Nora is teaching _____ to write computer code.
   A her — B herself — C *rien*
2. The town is re-inventing _____ to attract more tourists.
   A it — B itself — C themselves
3. We find _____ in a difficult position because of his comments to the media.
   A us — B ourselves — C *rien*
4. Can I borrow your paper? – I'm sorry, but I'm reading it _____.
   A myself — B me — C by myself
5. You say _____ that you spend too much money, Jeff.
   A yourselves — B you — C yourself

Astuce Il est important de distinguer les verbes réciproques et les verbes réfléchis car certains de ces deniers ne se conjuguent pas avec un pronom en anglais. Il y en a d'autres dont le sens varie avec ou sans un pronom (**to wake**, *se réveiller* ; **to wake someone**, *réveiller quelqu'un*). Voir aussi Module 13.

Poursuivons.

1. Can you wake _____ tomorrow? I don't have an alarm clock.
   A yourselves up — B you up — C *rien*
2. No worries. We always get _____ at dawn, even in winter.
   A ourselves up — B us up — C up
3. I don't need your help. I can dress _____, thank you.
   A myself — B me — C *rien*

4. Every week day, I _____ and leave the house before breakfast.
   - A wash myself, dress myself
   - B wash, dress
   - C am washing, and dressing

Corrigé page 161

5. I'm sure the problem will solve _____ eventually.
   - A itself
   - B by itself
   - C *rien*

Focus Les préfixes négatifs

Choisissez la bonne formulation.

1. His explanations are very _____. Ask him to repeat.
   - A disclear
   - B unclear
   - C not clear
2. We strongly _____ with the government's social policies.
   - A disagree
   - B unagree
   - C not agreed
3. Many people in big cities are _____ to tourists.
   - A unnice
   - B disnice
   - C not nice
4. I don't like this sculptor's art because it's _____.
   - A unoriginal
   - B disoriginal
   - C originless
5. The referee is going to _____ the second goal.
   - A disallow
   - B unallow
   - C not allow
6. Her clothes are very _____.
   - A unmodern
   - B dismodern
   - C old-fashioned
7. I'm very _____ with her choice of career.
   - A unhappy
   - B dishappy
   - C not happy
8. We apologise for our colleague's _____ comments.
   - A unpolite
   - B impolite
   - C dispolite
9. The bridge is _____ for heavy trucks.
   - A unsafe
   - B dissafe
   - C disafe
10. I _____ being the centre of attention because I'm very shy.
    - A unlike
    - B dislike
    - C delike

Module 16
BASICS

Astuce Le préfixe **dis-** correspond plus ou moins à *dis-* ou *dé-* en français (**please**, **displease** : *plaire*, *déplaire*), alors que **un-** est l'équivalent de notre *im-* ou *in-*. Cependant, les verbes ou adjectifs ne prennent pas tous ces préfixes.

Focus Expressions et formules de politesse

Choisissez la bonne formulation.

1. _____ could have a word with you?
   - A I wonder that I
   - B I wonder if I
   - C I wonderful

2. _____ opening the window? It's hot in here.
   - A Would you mind
   - B Can you mind
   - C Would you think

3. _____ help you?
   - A How can I
   - B Who can
   - C Why can I

4. _____ your bathroom?
   - A Can I to use
   - B May I use
   - C May I have

5. _____ bother you, but your son is on the line.
   - A I apologise to
   - B I'm sorry to
   - C I regret

Astuce Comme en français, le conditionnel (**could**, **would**) est souvent utilisé dans les formules de politesse, notamment lorsqu'on pose une question. Notez que la lettre **l** n'est pas prononcée : [koud], [ououd].

1. _____ give me twenty thousand dollars in cash?
   - A Do you could
   - B Do you think that you could
   - C Do you want that I could

Corrigé page 161

2. Ladies and gentlemen, _____ your attention?
   - A could I please to have
   - B could I please
   - C could I please have

3. _____ for me to use your phone?
   (A) Can it be possible (B) Would it be possible (C) Is it be possible

4. _____ your email address?
   (A) Can I have please (B) Could I please have (C) Could please I have

5. _____ if I open this box of cookies?
   (A) Do you bother (B) Do I bother you (C) Does it bother you

Focus Les faux-amis (suite)

Choisissez le mot qui convient.

1. Many people _____ themselves with knives in the kitchen.
   (A) insult (B) injure (C) abuse

2. Our Congressman is _____ punk rocker.
   (A) an ancient (B) a former (C) a once

3. I _____ this calculation. It's too hard.
   (A) can't arrive at doing (B) can't do (C) can't reach to do

4. A huge crowd is _____ the wedding tomorrow.
   (A) attending (B) assisting at (C) waiting at

5. Mum's _____ some groceries online. Do you want anything?
   (A) commanding (B) demanding (C) ordering

6. The old house is _____. No one lives there now.
   (A) uninhabited (B) inhabited (C) not habited

7. Oxford really wants to win the boat _____ against Cambridge this year.
   (A) race (B) course (C) run

8. The new menu in this fine-dining restaurant is a _____.
   (A) deception (B) deceit (C) disappointment

9. What a _____ day! Grey skies, rain and wind!
   (A) poor (B) miserable (C) deprived

Corrigé page 161

10. I hope you _____ your driving test this time. Not like last time!
    (A) take (B) pass (C) win

Astuce Une erreur très fréquente est la confusion de **to take an exam** (*passer un examen*) et **to pass an exam** (*réussir un examen*). La différence peut être très **disappointing** !

Focus Vocabulaire thématique : Les transports

Choisissez la bonne traduction. (Parfois plusieurs réponses sont possibles.)

1. *un « navetteur »*
   (A) a computer (B) a commuter (C) a voyager
2. l'heure de pointe
   (A) rush hour (B) push hour (C) point hour
3. *un tarif*
   (A) a fair (B) a fare (C) a price
4. *un embouteillage*
   (A) a vehicle mix (B) a car preserve (C) a traffic jam
5. *un arrêt demandé (bus)*
   (A) a demand stop (B) a request stop (C) an ask stop
6. *une navette*
   (A) a scuttle (B) a shuttle (C) a commute
7. *le métro*
   (A) the subway (B) the underground (C) the tube
8. *un périphérique*
   (A) a ring road (B) a rang road (C) a beltway
9. *une station de taxis*
   (A) a taxi park (B) a taxi station (C) a taxi rank
10. *un billet tarif réduit (en heures creuses)*
    (A) a peak ticket (B) an off-peak ticket (C) a hollow ticket

Verbes

to agree **to disagree**	*être / se mettre d'accord* *ne pas être d'accord*
to allow **to disallow**	*admettre, permettre* *ne pas admettre, refuser*
to assist !	*assister, aider*
to attend !	*assister à*
to bother	*déranger, ennuyer*
to command !	*ordonner, maîtriser*
to dislike	*ne pas aimer*
to injure !	*blesser*
to insult	*insulter*
to keep **to keep** (suivi d'un gérondif)	*garder* *continuer à*
to smoke	*fumer*
to win	*gagner* (prix, concours, etc.)
could	*forme au conditionnel de* **can**

Noms

cookie (US) **biscuit** (GB)	*biscuit*
crowd	*foule*
dawn	*aube*
deceit	*tromperie, escroquerie*
deception !	*duperie*
disappointment	*déception*

Module 16
VOCABULARY

groceries	*provisions* (alimentation)
paper **(news)paper**	papier *journal* (quotidien, etc.)
policy ✋! **politics** (sing.)	*politique* (ligne d'action) *politique* (gouvernement)
referee	*arbitre*
risk	*risque*
smoke	*fumée*
wedding	*mariage*, *noces*

Adjectifs

ancient	*antique*
former	*ancien*
inhabited ✋!	*habité*
miserable ✋!	*malheureux*
original **unoriginal**	*original* *peu/pas original*
pleasant **unpleasant**	*agréable*, *plaisant* *désagréable*
polite **impolite**	*poli* *impoli*
safe **unsafe**	*sûr* *peu sûr*, *dangereux*
shy	*timide*
uninhabited	*inhabité*

Module 16
CORRIGÉ

VOTRE SCORE :

Basics

PAGE 153 – Les verbes suivis d'un gérondif

1 B 2 B 3 C 4 B 5 A

1 B 2 A 3 C 4 C 5 A

PAGES 154-155 – Les pronoms réfléchis (suite)

1 B 2 B 3 B 4 A 5 C

1 A 2 C 3 A 4 B 5 A

PAGE 155 – Les préfixes négatifs

1 B 2 A 3 C 4 A 5 A 6 C 7 A 8 B 9 A 10* B

* **To unlike** est un néologisme récent, employé uniquement dans le contexte des médias sociaux.

PAGES 156-157 – Expressions et formules de politesse

1 B 2 A 3 A 4 B* 5 B

1 B 2 C 3 B 4 B 5 C

* Par bienséance, l'anglais américain fait de **the bathroom** un mot à double sens : *la salle de bains* et, par extension, *les toilettes*.

PAGES 157-158 – Les faux-amis (suite)

1 B 2 B 3 B 4 A 5 C 6 A* 7 A 8 C 9 B 10 B

* Faux-ami : **inhabited**, *habité*.

PAGE 158 – Vocabulaire thématique : Les transports

1 B* 2 A 3 B 4 C** 5 B*** 6 B**** 7 A B et C ***** 8 A et C ****** 9 C 10 B

* **to commute**, faire la navette entre la maison et le travail

** **A jam** signifie *une confiture*, mais le terme **traffic jam** vient du verbe **to jam**, *coincer*.

*** **To demand** est un faux-ami : ce verbe signifie *exiger* alors que *demander* se dit **to ask**, **to request**.

**** **a commute** = un voyage aller-retour entre la maison et le travail (voir * ci-dessus)

***** Il n'existe pas de mot générique : a) est plutôt américain, b) et c) sont les deux noms employés pour le métro londonien. (Dans d'autres villes, le réseau s'appelle **the metro** !)

****** a) = GB; c) = US

Vous avez obtenu entre 0 et 15 ? Reprenez chaque question en regardant les endroits où vous avez fait des erreurs.

Vous avez obtenu entre 16 et 31 ? C'est très moyen, mais ne vous découragez pas.

Vous avez obtenu entre 32 et 49 ? Formidable ! Analysez les erreurs et, si besoin, révisez la ou les notions que vous ne maîtrisez pas complètement.

Vous avez obtenu 50 et plus ? You're really very good!

Module 17
BASICS

Focus Le passé simple, ou prétérit, des auxiliaires

Choisissez la bonne forme au passé de ***to be*** *et* ***to have****.*

1. I _____ a very strange dream last night!
   - A were
   - B was
   - C had

2. I'm sorry about your presents: the delivery _____ late.
   - A was
   - B were
   - C had

3. I _____ my passport this morning in my pocket but now I can't find it.
   - A has
   - B had
   - C have

4. When I _____ twenty, I _____ very interested in business.
   - A was – was
   - B were – was
   - C was – had

5. We _____ in a club last night and it _____ very hot.
   - A had – was
   - B was – were
   - C were – was

6. Dave and Richard _____ my best friends when we _____ at school.
   - A was – was
   - B were – were
   - C was – were

7. It _____ very late and we _____ both very tired.
   - A were – was
   - B was – were
   - C were – were

8. I'm so glad to see you. I _____ no idea that you _____ here!
   - A had – was
   - B have – were
   - C had – were

9. They _____ so busy that they _____ no time to see their grandchildren.
   - A was – were
   - B were – had
   - C had – had

10. I _____ moved by the singing. – Yes, it _____ the same effect on me.
   - A had – was
   - B was – had
   - C was – was

Astuce Lorsqu'on parle à une vitesse normale, la voyelle « a » de **was** devient un « e » muet et le « s » terminal se prononce comme un « z » : [ouoz].

Focus La forme négative au passé simple de *to be*

Choisissez la bonne formulation. (Parfois deux réponses sont possibles.)

1. The movie director _____ with the sound or the lighting.
   A wasn't happy B hasn't happy C was not happy
2. They _____ ready on time so we waited for them.
   A wasn't B weren't C was not
3. You _____ good-looking when you were young!
   A wasn't B weren't C were not
4. I'm sorry about the accident, but it _____ my fault.
   A were not B weren't C wasn't
5. We _____ if Delania was the right woman for the job.
   A we'rent sure B were not sure C was not sure

*Maintenant, complétez ces phrases avec **to have** à la forme négative. (Plusieurs réponses peuvent être possibles.)*

1. I'm from Boston, so I _____ many friends on the West Coast.
   A don't have B haven't got C have not
2. The new motorway _____ yet.
   A has not opened
   B doesn't have opened
   C do not has opened
3. They are unhappy because they _____ an answer to their questions.
   A do not have received
   B have not received
   C do not received
4. Sarah _____ her driver's licence with her.
   A hasn't got B don't has C doesn't have
5. They _____ a holiday for at least a year.
   A do not have B have not had C haven't have

Corrigé page 171

Module 17
BASICS

Astuce Lorsque **to have** sert d'auxiliaire, la négation est la même que pour **to be** (**not** après le verbe). Toutefois, lorsque c'est un verbe propre (*avoir*, *posséder*, etc.), il se comporte comme les autres verbes (**do + not**).

Focus La forme interrogative de *to have*

Choisissez la bonne formulation.

1. Where _____ to go today? – He's having lunch with me.
   - A has Joe
   - B does Joe have
   - C Joe has

2. _____ for a quick coffee before you leave?
   - A Have do you ten minutes
   - B Do you have ten minutes
   - C Do you has ten minutes

Corrigé page 171

3. Graham works so hard. When _____ for his kids?
   - A he has time
   - B does he has time
   - C does he have time

4. _____ enough petrol for the journey?
   - A Do we have
   - B Have we
   - C Do we has

5. _____ so many cats?
   - A Why have they
   - B Why do they have
   - C Why they have

Astuce Il faut garder en mémoire que **to have** est à la fois un verbe (*posséder*, *avoir*), un auxiliaire utilisé pour former un temps passé ainsi que, avec **to**, le verbe *être obligé de* (**to have to**, l'infinitif de **must**).

Voici une autre série :

1. _____ the time? – No, I don't have a watch.
   - (A) Have you
   - (B) Do you have
   - (C) Does you has

2. _____ your check-up at the hospital? – Tomorrow.
   - (A) When you have
   - (B) When have you
   - (C) When do you have

Corrigé page 171

3. _____ good ideas for a Halloween costume?
   - (A) Has he
   - (B) Does he have any
   - (C) Is he having some

4. _____ for a refund? – Write to the manager.
   - (A) How do you ask
   - (B) How you ask
   - (C) How you do ask

5. _____ be at the airport?
   - (A) What time we have to
   - (B) What time do we have to
   - (C) What time we must

Focus Le passé simple affirmatif (verbes réguliers)

Choisissez la bonne formulation. (Plusieurs réponses peuvent être possibles.)

1. Yesterday, we _____ a room in a nice hotel in Wales.
   - (A) book
   - (B) booked
   - (C) boocked

2. We _____ for an hour before he arrived.
   - (A) waited
   - (B) waiting
   - (C) wanted

3. It's too late. The pharmacy _____ at five o'clock.
   - (A) clothed
   - (B) closed
   - (C) close

4. She _____ her suitcase last night, even though she doesn't leave until tomorrow.
   - A packet
   - B packed
   - C parked

5. Sandra _____ to call her first child Marianne.
   - A decide
   - B deceded
   - C decided

Astuce Une poignée de verbes réguliers, comme **to learn**, ont deux terminaisons au passé simple : **-ed** et **-t**. Parmi eux, citons **to burn**, *brûler*, **to dream**, *rêver* et **to kneel**, *s'agenouiller*. Les deux formes (**learned/learnt**, **burned/burnt**, etc.) sont acceptées, mais la terminaison en **-t** est plutôt britannique.

Poursuivons.

1. They _____ to open the door but it was locked.
   - A trod
   - B tryed
   - C tried

2. Thank you, I really _____ meeting your family.
   - A enjoy
   - B enjoyed
   - C enjoied

3. The president _____ that the country _____ in a crisis.
   - A sad – was
   - B sayed – were
   - C said – was

4. B&Bs are expensive. We _____ two hundred pounds for two nights.
   - A payed
   - B paid
   - C payd

5. I _____ Arabic when I was at university.
   - A learnt
   - B learned
   - C learnid

Focus Les mots composés avec *-body* et *-thing* (*somebody*, *anybody*, *nothing*, etc.) (suite)

Choisissez la bonne formulation. (Plusieurs réponses sont parfois possibles.)

1. She says that she _____ for her birthday.
   - A doesn't want nothing
   - B doesn't want anything
   - C does want anything

Corrigé page 171

Corrigé page 171

2. I _____ from you. I want you to go.
   - A want nothing
   - B don't want nothing
   - C want anything

3. You know what they say: _____.
   - A anyone is perfect
   - B anybody is not perfect
   - C nobody is perfect.

4. He's not in the office because I _____ on his desk.
   - A can't see anything
   - B can't see nothing
   - C can't not see anything

5. _____ that Liverpool is a good place to live.
   - A No one cannot tell
   - B Nobody can't tell you
   - C Anybody can tell you

Astuce La règle d'or est toujours la même : il n'y a jamais de double négatif en anglais. Ainsi, si c'est le verbe qui porte la négation, le pronom qui suit commencera par **any-** alors que si le verbe est à l'affirmatif, le pronom est à la forme négative (**no-**). Enfin, **no one** (*pas un(e), personne*) peut aussi s'écrire avec un trait d'union (**no-one**) mais jamais en un seul mot.

Continuons.

1. I _____ in Cardiff. This is my first visit.
   - A know nobody
   - B don't know anybody
   - C don't know nobody

2. The situation is dangerous. _____ in the next half-hour.
   - A Anybody could happen
   - B No thing could happen
   - C Anything could happen

3. I _____ who voted Green in the last election.

Corrigé page 171

- A don't know nobody
- B don't know anybody
- C know nobody

4. _____ interested in visiting a place where it rains all year round!

- A No one is
- B Nobody is
- C Anybody is

5. It's a bad place for a holiday: there is _____ to go and _____ to talk to.

- A somewhere – nobody
- B nowhere – nobody
- C nowhere – anybody

Focus Vocabulaire thématique : L'éducation

Choisissez la bonne traduction. (Parfois deux réponses sont possibles.)

1. *un programme éducatif*

- A a syllabub
- B a syllabus
- C a programme of teaching

2. *un maître de conférence*

- A a lecturer
- B a lecture
- C a conferencer

3. *un stagiaire*

- A an intern
- B a stage manager
- C a trainee

4. *une composition, une rédaction*

- A a composer
- B an essay
- C a trial

5. *une licence*

- A a licence
- B a degree
- C a diploma

6. *les devoirs*
   - **A** housework
   - **B** homework
   - **C** duties

7. *le corps enseignant (universitaire)*
   - **A** the teaching body
   - **B** the masters
   - **C** the faculty

8. *une matière (scolaire)*
   - **A** a matter
   - **B** a topic
   - **C** a subject

9. *la formation professionnelle*
   - **A** professional formation
   - **B** professional education
   - **C** vocational training

Corrigé page 171

10. *une école publique*
    - **A** a state school
    - **B** a public school
    - **C** a high school

Astuce Les différences entre les différences systèmes éducatifs, notamment le primaire et le secondaire, étant très importantes, le vocabulaire présenté ici ne concerne que les éléments de base.

Module 17
VOCABULARY

Verbes

to book	*réserver* (synonyme : **to reserve**)
to dream	*rêver*
to happen	*se passer, arriver*
to kneel	*s'agenouiller* (pensez à **knee**, *genou*)
to learn	*apprendre*
to pack	*faire ses valises, emballer*

Noms

delivery	*livraison*
desk	*bureau* (meuble)
fault	*faute* (culpabilité – ne pas confondre avec **mistake**)
journey	*trajet, voyage*
kid	*gamin(e)* (fam.), *chevreau* (sens littéral)
lock	*serrure*
motorway (GB) **highway** (US)	*autoroute*
refund	*remboursement*
sound	*son*
visit	*visite*

Adjectifs

glad	*heureux, content*
good-looking	*beau*
last	*dernier*
strange	*étrange*

Module 17
CORRIGÉ

VOTRE SCORE :

Basics

PAGE 162 – Le passé simple, ou prétérit, des auxiliaires

1 C | 2 A | 3 B | 4 A | 5 C | 6 B | 7 B | 8 C | 9 B | 10 B

PAGE 163 – La forme négative au passé simple de **to be** et **to have**

1 A et C | 2 B | 3 B et C | 4 C | 5 B

1 A et B | 2 A | 3 B | 4 A et C | 5 B

PAGES 164-165 – La forme interrogative de **to have**

1 B | 2 B | 3 C | 4 A | 5 B

1 B | 2 C | 3 B | 4 A | 5 B

PAGES 165-166 – Le passé simple affirmatif (verbes réguliers)

1 B | 2 A | 3 B | 4 B | 5 C

1 C | 2 B | 3 C | 4 B | 5 A et B

PAGES 166-168 – Les mots composés avec **-body** et **-thing** (**somebody**, **anybody**, **nothing**, etc.) (suite)

1 B | 2 A | 3 C | 4 A | 5 C

1 A et C | 2 C | 3* B et C | 4 A et B | 5 B

* Il n'y a jamais deux négatifs (**no**) ensemble, ainsi : **I do not know anybody** ou **I know nobody** traduisent tous les deux *Je ne connais personne*

PAGES 168-169 – Vocabulaire thématique : L'éducation

1 B* | 2 A | 3 A et C** | 4 B | 5 B*** | 6 B**** | 7 C | 8 C | 9 C | 10 A et B *****

* **A syllabus**, mot d'origine grec, représente les différents éléments qui composent un programme éducatif, alors que **a syllabub** est *un sabayon* !

** Le champ du mot français étant très large, les deux traductions proposées ici ne sont pas restrictives. Notez que **a stage** est un faux-ami : *une scène* de théâtre, alors que *un stage* se dit (selon le contexte) **an internship**, **a training course** ou encore **work experience**.

*** Faux-ami : **a licence**, *un permis*.

**** **Duties**, *les devoirs* en termes d'obligations.

***** En Grande-Bretagne, **a state school** est une école publique alors que **a public school** est un établissement scolaire indépendant et sélectif, plutôt prestigieux. Aux États-Unis, ce dernier terme désigne une école gérée et financée par une autorité gouvernementale, prodiguant un enseignement gratuit aux élèves du primaire et du secondaire.

Vous avez obtenu entre 0 et 15 ? Reprenez chaque question en regardant les endroits où vous avez fait des erreurs.

Vous avez obtenu entre 16 et 31 ? C'est très moyen, mais ne vous découragez pas.

Vous avez obtenu entre 32 et 49 ? Formidable ! Analysez les erreurs et, si besoin, révisez la ou les notions que vous ne maîtrisez pas complètement.

Vous avez obtenu 50 et plus ? You're really very good!

Module 18
BASICS

Focus Actes de parole : *say*, *speak*, *talk*, *tell*

Choisissez la bonne formulation. (Deux réponses sont parfois possibles.)

1. Please _____ me what I have to do.
   (A) tell (B) say (C) talk

2. They _____ that they were not sure about going abroad next year.
   (A) talked (B) told (C) said

3. We want _____ your supervisor about your attitude.
   (A) to speak to (B) to talk to (C) to say to

4. Jade _____ Gaelic because she lived in Ireland for some time.
   (A) talks (B) speaks (C) tells

5. _____, I'm not sure what happened.
   (A) To say the truth (B) To tell the truth (C) To talk the truth

Astuce Ces quatre verbes se ressemblent mais il y a des différences importantes, notamment entre **to tell** et **to say**. Le premier s'emploie pour informer ou donner des instructions ; il est suivi d'un complément de personne précisant celui ou celle à qui on s'adresse. Le second s'applique à toutes les affirmations et présente ce qui est dit, sans nécessairement préciser l'interlocuteur.

1. What _____? I'm very sorry that I made a mistake.
   (A) can I say (B) can I tell (C) can I speak

2. He _____ and can't keep a secret.
   (A) talks too much (B) tells too much (C) speaks too much

3. Alice _____ hello to everyone when she came into the canteen.
   (A) told (B) said (C) spoke

4. We _____ about our trip to Florida.
   (A) talked a lot (B) told a lot (C) spoke a lot

5. _____ to turn on the microphone. I can't hear what they're _____.
   (A) Say them – telling (B) Tell them – telling (C) Tell them – saying

Focus Les atténuateurs

Corrigé page 180

Choisissez la bonne formulation.

1. Marvin did _____ in the test, but he's still worried about the results.
   (A) pretty well (B) pretty good (C) pretty goodly

2. What do you think of my essay, sir? – _____, son. Not perfect, but _____.
   (A) Pretty well – pretty well
   (B) Pretty good – pretty good
   (C) Pretty well – pretty good

3. Can I talk to you? – I'm _____ at the moment. Come back in an hour.
   (A) over-busy (B) rather busy (C) hardly busy

4. The walk to the top floor is _____, but the view is fantastic.
   (A) fair difficult (B) fairly difficult (C) fare difficult

5. Julia fell on the stairs and injured her leg _____.
   (A) quite badly (B) quite bad (C) quiet badly

6. How's the injury? – _____, but she doesn't need an operation.
   (A) Quite bad (B) Quite badly (C) Quite rather bad

Astuce Ne confondez pas **good** (*bon*) et **bad** (*mauvais*), qui sont des adjectifs, avec les adverbes **well** (*bien*) et **badly** (*mal*) – même si certains anglophones eux-mêmes peuvent faire l'erreur. Quant aux atténuateurs, il y a théoriquement une différence de degré entre **quite**, **rather** et **fairly**, mais en pratique, les mots sont synonymes. Enfin, **pretty** a deux sens : *assez* et *joli*.

Focus Le « franglais »

Choisissez le vrai mot anglais qui correspond au terme en « franglais » entre parenthèses.

1. Add the meeting to my *(planning)* please.
   (A) plan (B) diary (C) notebook

2. I can't go to the reception: I don't have a *(smoking)*.
   (A) dinner suit (B) dinner vest (C) smoking jacket

3. When I travel on business I always *(faire un footing)* in the morning.
A go on foot B go for a run C run on foot

4. Do you have any change for a *(caddie)* in the supermarket?
A caddy B trolley C basket

5. My coat is dirty. I'm taking it to the *(pressing)*.
A clothes press B dry cleaner's C laundry

Astuce Il faut faire très attention à ces mots prétendument anglais car, tels quels, ils sont difficilement compréhensibles pour de vrais anglophones ! Dès qu'on rencontre un terme de ce type (par exemple, le buzz), il faut toujours le vérifier (et surtout pas le checker...) dans un bon dictionnaire.

Focus Le relatif (suite)

Choisissez la bonne formulation. (Plusieurs réponses peuvent être possibles.)

1. The trousers _____ I wanted to buy were too expensive.
A which B what C that

2. Lucky Hector! He married the woman _____ founded the firm.
A which B who C that

3. Here's the prescription _____ the doctor gave me.
A which B that C who

4. Anyone _____ wants to take part in the race must put their name on the list.
A who B that C which

5. Tell me if there is anything _____ you don't understand.
A whose B which C what

Astuce **Who** et **which** peuvent tous les deux être remplacés par **that** dans un registre moins soutenu ou dans le langage courant. Par ailleurs, il est possible – mais pas obligatoire – d'omettre **that** lorsqu'il est le complément dans une clause restrictive. Par exemple : **The prescription that the doctor gave me**. En revanche, **whose** ne peut jamais être omis.

1. The only thing _____ is importan t is your health.
   - **A** that
   - **B** which
   - **C** who

2. Curran is the woman _____ invention won a Nobel Prize.
   - **A** who
   - **B** whose
   - **C** that

3. He's famous for a book _____ he wrote when he was out of work.
   - **A** which
   - **B** whose
   - **C** what

4. The people _____ live in that tower block are very brave!
   - **A** who
   - **B** that
   - **C** whose

5. I like people _____ tastes are similar to mine.
   - **A** which
   - **B** whose
   - **C** that

Focus Vocabulaire thématique : Le travail et l'emploi

Choisissez la bonne traduction. (Parfois plusieurs réponses sont possibles.)

1. *un employé*
   - **A** an employer
   - **B** an employee
   - **C** an employment

2. *les heures supplémentaires*
   - **A** extra time
   - **B** supplementary hours
   - **C** overtime

Corrigé page 180

3. *un syndicat*
   - **A** a syndicate
   - **B** a union
   - **C** a trade union

4. *être en grève*
   - **A** to go on strike
   - **B** to grieve
   - **C** to be out of work

5. *un cadre*
   - **A** a frame
   - **B** an executive
   - **C** a foreman

6. *une usine*
   - **A** a factory
   - **B** a plant
   - **C** a fabrication

7. *partir à la retraite*
   (A) to retreat (B) to retire (C) to leave retirement

8. *une société*
   (A) a company (B) a firm (C) a corporation

9. *un fonctionnaire*
   (A) a functionary (B) a civilian (C) a civil servant

10. *un curriculum vitae*
   (A) a resumé (B) a CV (C) a curriculum

Verbes

to be out of work	*être au chômage* (litt. « hors travail »)
to exhaust	*épuiser*
to fold	*plier*
to found	*fonder* **À noter :** Ne pas confondre avec **found**, le passé simple de **to find**, *trouver*.
to lay	*poser*
to spin	*faire tourner*, *donner de l'effet à* (sport)
to sweep	*balayer*
to turn on	*allumer*, *mettre en marche* (appareil)

Adverbes, pronoms, etc.

indeed	*très*, *extrêmement*, etc. **À noter :** Comme intensif, **indeed** se place après un adjectif, précédé de **very**. Il peut s'employer aussi, en début de phrase, dans le sens de *effectivement*, *en effet*.

Noms

diary	*journal* (personnel)
dinner suit	*smoking*
exhaustion **exhaust** (pipe, system)	épuisement (tuyau /système d')*échappement*
felt	*feutre* (matière) **À noter :** Ne pas confondre avec **felt**, le participe passé de **to feel**, *sentir*.

floor	*plancher*, *étage* (bâtiment)
herd	*troupeau* (bovins, etc.) **À noter :** Ne pas confondre avec l'homophone **heard**, le passé simple de **to hear**, *entendre*.
injury ✋!	*blessure* **À noter :**Ne pas confondre avec **insult**, *injure*.
laundry	*linge*, *blanchisserie*
maid	*domestique*, *femme de chambre*
meat	*viande* **À noter :** Ne pas confondre avec l'homophone **(to) meet**, *rencontrer*.
sale	*vente*, *solde*
scent	*parfum* **À noter :** Ne pas confondre avec l'homophone **sent**, le participe passé de **to send**, *envoyer*.
smoking jacket	*veste d'intérieur*
sofa	*canapé* (meuble)
studio flat (GB) **studio apartment** (US)	*studio* (habitation)
trip	*voyage*, *excursion*
trolley	*caddie*
wealth	*richesse*, *fortune*

Adjectifs

brave	*courageux*
dry	*sec*
pretty	*joli*
wealthy	*riche*, *fortuné*

Module 18
CORRIGÉ

VOTRE SCORE :

Basics

PAGES 172-173 – Les verbes irréguliers au passé

1 B | 2 A | 3 B | 4 C | 5 B | 6 B | 7 B | 8 C | 9 C | 10 B

1 B | 2 A | 3 C | 4 B | 5 B | 6 A | 7 C | 8 A | 9 A | 10 B

PAGE 174 – Actes de parole : **say, speak, talk, tell**

1 A | 2 C | 3 A et B | 4 B | 5 B

1 A | 2 A | 3 B | 4 A | 5 C

PAGE 175 – Les atténuateurs

1 A | 2 B | 3 B | 4 B | 5 A* | 6 A

* Ne confondez pas l'adjectif **quiet**, *calme*, *silencieux* (prononcé avec deux syllabes : [kouaï-ët] avec l'adverbe **quite**, *assez*, *plutôt* (monosyllabe : [kouaït]).

PAGES 175-176 – Le « franglais »

1 B | 2 A | 3 B | 4 B | 5 B

* Le mot un **smoking** vient en effet de **a smoking jacket**, une veste d'intérieur que les fumeurs mettaient par-dessus leurs vêtements au XIXe siècle pour éviter l'odeur du tabac.

PAGES 176-177 – Le relatif (suite)

1 A et C | 2 B et C | 3 A et B | 4 A et B | 5 B

1 A et B | 2 B | 3 A | 4 A et B | 5 A et B

PAGES 177-178 – Vocabulaire thématique : Le travail et l'emploi

1 B* | 2 C | 3 B et C** | 4 A*** | 5 B**** | 6 A et B | 7 B | 8 A, B et C***** | 9 C | 10 A (US), B (GB)

* **an employer**, *un employeur*

** **a trade**, *un métier*. Le terme complet pour *un syndicat* est **a trade union** mais l'usage courant admet simplement **a union** si le contexte est clair.

*** Attention : **to be out of work** est synonyme de **to be unemployed**, *être au chômage*.

**** **a frame**, *un cadre* pour un tableau, une photo, etc. Comme pour l'éducation (Module 17), certains termes français dans le domaine du travail et de l'emploi n'ont pas d'équivalents exacts, et vice versa. C'est le cas, notamment, pour *cadre / non-cadre*. La traduction variera selon le contexte précis. Un bon dictionnaire est un atout précieux !

***** En anglais britannique, **a company** et **a firm** sont souvent synonymes, même si ce dernier mot dénote plutôt une prestation de services professionnels. **A corporation** signifie *une société* en anglais américain mais *un conseil municipal* en anglais britannique.

0 - 15 À revoir ; **16 - 31** Moyen ; **32 - 49** Formidable ! ; **50 et plus** You're really very good!

Focus Les verbes irréguliers au passé (suite)

Corrigé page 189

Choisissez la bonne forme conjuguée du verbe entre parenthèses.

1. What happened to your face? – I (to cut) myself with my razor.
   (A) cut (B) caught (C) cutting
2. I can't find my car keys. I know that I (to put) them on the table.
   (A) put (B) pud (C) putt
3. Kenneth Maven (to teach) mathematics and computing at secondary schools.
   (A) tech (B) taught (C) tetch
4. I (to read) a fantastic article on Aron's blog last night.
   (A) read (B) red (C) rid
5. She (to shut) the front door and walked into the garden.
   (A) shuttered (B) shot (C) shut

Astuce Une bonne vingtaine de verbes irréguliers forment un groupe homogène car leurs trois temps primitifs (présent simple, passé simple, participe passé) sont identiques ; d'autres forment leur passé avec **-ought** ou **-aught**.

Voici une autre série :

1. The waiter (to bring) two fillet steaks and a green salad.
   (A) braught (B) brung (C) brought
2. I (to hurt) my hand very badly on some broken glass.
   (A) hurt (B) herd (C) heart
3. It rained so much in Scotland that I (to catch) a bad cold.
   (A) catch (B) caught (C) crept
4. He went to Las Vegas last month, and it (to cost) him a fortune!
   (A) cyst (B) cost (C) cast
5. We (to bet) fifty pounds on a horse, but we didn't win.
   (A) bit (B) bat (C) bet

Module 19
BASICS

Focus Le participe passé des verbes irréguliers

Choisissez le bon participe passé associé au verbe entre parenthèses.

1. The multinational has (to shut) the factory and moved its business to another country.
   A shut B shutt C shutten

2. Mr Marchant isn't in his office. – No, he has (to go) to lunch.
   A went B gone C been

3. We have (to give) them our permission to use the data if necessary.
   A given B gave C give

4. The customer service department has (to take) the feedback into consideration.
   A taken B token C took

5. I've (to show) you how to change the size of your text. Please go on.
   A sewn B shown C show

Astuce Tous les verbes irréguliers ne rentrent pas dans des catégories reconnaissables, et il faut donc les apprendre individuellement. (Le participé passé s'emploie notamment avec l'auxiliaire **to have** pour former un temps un peu particulier, le *present perfect*, qui relie le passé au présent. Il est traité en détail dans le Module 27.)

Poursuivons.

1. We've knocked on the door and (to ring) the bell, but there's no answer.
   A rang B wrung C rung

2. Governments have (to wake up) too late to the problem of pollution.
   A waken up B woken up C woke up

3. I have (to see) the movie and now I want to read the book.
   A sown B seen C seed

4. You and your husband have (to be) very patient and helpful.
   A bean B been C was

5. Where have you (to hide) my cigarettes? – You must stop smoking!
   A hold B hiden C hidden

Focus Pays d'origine : adjectifs et noms propres

Choisissez le bon adjectif de nationalité.

1. Jim comes from Britain, so he's _____.
   A Briton — B british — C British

2. Freja comes from Sweden, so she's _____.
   A Swiss — B Swedish — C Swedenish

3. Finlan comes from Ireland, so he's _____.
   A Ireish — B Irish — C Irlandish

4. Rhys comes from Wales, so he's _____.
   A Walish — B Welsh — C Welch

5. Ieneke comes from the Netherlands, so she's _____.
   A Netherlandish — B Dutch — C Dutchish

6. Donald comes from Scotland, so he's _____.
   A Scotch — B Scot — C Scottish

7. Marie comes from France, so she's _____.
   A Frankish — B French — C Francish

Corrigé page 189

Maintenant, choisissez le nom propre correspondant.

1. Jim comes from Britain, so he's a _____.
   A Briton — B Britisher — C Englishman

2. Freja comes from Sweden, so she's a _____.
   A Swedener — B Swede — C Swedlander

3. Finlan comes from Ireland, so he's an _____.
   A Irelander — B Irishman — C Irisher

4. Ieneke comes from the Netherlands, so she's a _____.
   A Netherlander — B Dutchwoman — C Dutch

5. Donald comes from Scotland, so he's a _____.
   A Scotlander — B Scottishman — C Scot

6. Marie comes from France, so she's a _____.
   - A French
   - B Frank
   - C Frenchwoman

7. Behiç is from Turkey, so he's a _____.
   - A Turkishman
   - B Turk
   - C Turker

8. Karla is from Denmark, so she's a _____.
   - A Danishwoman
   - B Dane
   - C Daness

9. Afonso is from Portugal, so he's a _____.
   - A Porto
   - B Portuguese
   - C Portuguer

10. Juan is from Spain, so he a _____.
    - A Spanish
    - B Spaniard
    - C Spanishman

Astuce Les adjectifs de nationalité prennent toujours une capitale initiale en anglais. Les noms se terminant en **-ch** (**French**), **-ese** (**Chinese**) ou **-ish** (**Irish**) ne prennent pas de « s » au pluriel (tout comme **Swiss**). Il existe aussi certaines formes particulières (**a Dane**, **a Swede**, etc.).

Focus Les langues (nom propres)

Enfin, sélectionnez le bon terme pour la langue parlée dans chacun de ces pays. (Plusieurs réponses sont parfois possibles.)

1. Jim comes from Britain, so he speaks _____.
   - A British
   - B English
   - C the English

2. Freja comes from Sweden, so she speaks _____.
   - A Swedenish
   - B Swedish
   - C the Swedish

3. Finlan comes from Ireland, so he speaks _____.
   - A Gaelic
   - B Irish
   - C Gallic

4. Rhys comes from Wales, so he speaks _____.
   - A Welsh
   - B Welshish
   - C the Welsh

5. Ieneke comes from the Netherlands, so she speaks _____.
   - A Netherlandish
   - B Dutch
   - C Dutchish

6. Donald comes from Scotland, so he speaks _____.
   - A the Scotch
   - B Gaelic
   - C Scots

7. Juan comes from Spain, so he speaks _____.
   (A) Spaniardish (B) Spanish (C) Spainish

8. Ariana is from Greece, so she speaks _____.
   (A) Grec (B) Greek (C) Greecish

9. Ryszard in from Poland, so he speaks _____.
   (A) Polandish (B) Polander (C) Polish

10. Gene comes from the United States, so he speaks _____.
   (A) English (B) American (C) American English

Astuce L'article défini n'est jamais employé devant les noms de langues (**He speaks Italian**).

Focus Les verbes de perception

Choisissez la bonne formulation.

1. According to what she said, the proposal _____ very boring.
   (A) sounds (B) feels (C) looks

2. Here's the brochure: the cottage _____ charming in the photo.
   (A) looks (B) smells (C) sounds

3. What's in the oven? It _____ great...
   (A) feels (B) tastes (C) smells

4. ... and I'm sure it _____ delicious.
   (A) tastes (B) sounds (C) touches

5. _____ these stockings: they're made of silk.
   (A) Taste (B) Feel (C) Sound

Astuce Les verbes de perception **to feel**, **to sound**, **to look**, **to smell** et **to taste** décrivent la perception par les sens (le toucher, l'ouïe, la vue, le goût) et n'ont pas tous un équivalent direct en français.

Module 19
BASICS

1. What is the name of that red fruit that _____ a tomato?
   - A looks like
   - B sounds
   - C looks to

2. Ugh, my coffee _____ awful. – Sorry, I forgot the milk and sugar.
   - A sounds
   - B tastes
   - C feels

3. I'm sure that something is burning. – I can't _____ anything.
   - A feel
   - B smell
   - C taste

4. The Russian alphabet _____ very complicated when you see it for the first time, but it's easy to learn.
   - A sounds
   - B looks
   - C feels

5. That noise _____ fireworks. – Yes, it's November the fifth.
   - A looked like
   - B sounded like
   - C tasted like

Focus Vocabulaire thématique : La nourriture

Choisissez la bonne traduction. (Parfois, plusieurs réponses sont possibles.)

1. *un dessert*
   - A a dessert
   - B a desert
   - C a pudding

2. *des légumes « bio »*
   - A bionic vegetables
   - B biological vegetables
   - C organic vegetables

3. *un plat*
   - A a dish
   - B a course
   - C a plate

4. *une boisson sans alcool*
   - A an alcohol-free drink
   - B a gentle drink
   - C a soft drink

5. *le pain perdu*
   - A lost bread
   - B lost toast
   - C French toast

6. *une aubergine*
   - A an aubergine
   - B a zucchini
   - C an eggplant

7. *un régime*
   (A) a diet (B) a regimen (C) a slimmer

8. *un ananas*
   (A) a pineapple (B) a grapefruit (C) a grape

9. *une poire*
   (A) a pair (B) a pear (C) a pea

10. *une entrée*
   (A) a starter (B) a main course (C) an entrée

Verbes

to bet	*parier* (temps primitifs : **to bet**, **bet**, **bet**)
to cut	*couper* (temps primitifs : **to cut**, **cut**, **cut**)
to hold	*tenir*
to knock (on)	*frapper (à)*
to smell	*sentir*
to shut	*fermer* (synonyme : **to close**)
to taste	*goûter*
to touch	*toucher*

Verbes – Perceptions sensorielles

to feel like	*sembler (être)* en fonction de ce que l'on ressent (aussi : *tâter*)
to look like	*ressembler à* en fonction de l'aspect visuel
to smell like	*avoir l'odeur de*
to sound like	*ressembler à en fonction du son*
to taste like	*avoir le goût de*

Noms

answer	*réponse*
bat	*batte*, *chauve-souris*

Module 19
VOCABULARY

cast	*distribution* (pièce, film)
computing	*informatique*
face	*visage*
fillet	*filet* (viande) **À noter :** La différence d'orthographe.
firework	*feu d'artifice*
seed	*graine*
shutter	*store*
stocking	*bas* (vêtement)
token	*jeton*

Adjectifs

awful	*affreux, horrible*
helpful	*obligeant*

Module 19
CORRIGÉ

VOTRE SCORE :

Basics

PAGE 181 – Les verbes irréguliers au passé (suite)
1 A | 2 A | 3 B | 4 A* | 5 C
1 C | 2 A | 3 B | 4 B | 5 C
* **Read** se prononce [riid] au présent et à l'infinitif mais [red] au passé, cf. **red**, la couleur *rouge*.

PAGE 182 – Le participe passé des verbes irréguliers
1 A | 2 B | 3 A | 4 A | 5 B*
1 A | 2 B | 3 B | 4 B** | 5 C
* Les syllabes **-ewn** et **-own** dans a) et b) sont homophones : [o:on].
** Les réponses a) et b) sont homophones : [bi:in].

PAGES 183-184 – Pays d'origine : adjectifs et noms propres
1 C | 2 B | 3 B | 4 B | 5 B | 6 C* | 7 B**
1 A*** | 2 B**** | 3 B | 4 B | 5 C | 6 C | 7 B | 8 B | 9 B***** | 10 B
* **Scotch** (toujours avec une capitale initiale) ne s'applique qu'aux préparations alimentaires, donc le whisky.
** **Frankish** est le terme historique pour *franque*.
*** Les Américains appellent parfois les Britanniques les **Britishers**. Par ailleurs, il ne faut pas confondre an **Englishman**, un homme né en Angleterre, avec **a Briton**, *un Britannique*, le terme qui englobe aussi les Gallois, les Écossais, et les Irlandais du Nord.
**** **A swede**, sans capitale, signifie *un rutabaga*...
***** **Portuguese** est à la fois l'adjectif et le substantif.

PAGES 184-185 – Les langues (noms propres)
1 B | 2 B | 3 A | 4 A | 5 B | 6* B et C | 7 B | 8 B | 9 C | 10*** A, B et C
* En plus de l'anglais, certains Écossais parlent le gaélique ainsi que le Scots, un idiome spécifique considéré soit comme une langue soit comme un dialecte.
** Les débat sur la classification de l'anglais parlé aux États-Unis fait rage depuis des siècles !

PAGES 185-186 – Les verbes de perception
1 A | 2 A | 3 C | 4 A | 5 B
1 A | 2 B | 3 B | 4 B | 5 B

PAGES 186-187 – Vocabulaire thématique : La nourriture
1 A* | 2 C | 3 A et B** | 4 C | 5 C | 6 A et C*** | 7 A | 8 A | 9 B | 10 A et C****
* Ne pas confondre **a desert**, *un désert*, et **a dessert**, *un dessert*, même si les **-s-** se prononcent [z] dans les deux cas. La différence réside dans l'accent tonique [DEsert] vs [deSSERT].
** Dans le contexte d'un repas **a course** est *un plat*, mais c'est aussi **a dish**, à la fois un mets et un récipient. **A plate** signifie *une assiette*.
*** **An aubergine** (GB) est **an eggplant** pour les Américains. *Une courgette* se dit **a zucchini**.
**** **An entrée** est *un plat principal* aux États-Unis mais *un hors d'œuvre* pour les Britanniques, qui appellent *le plat de résistance* **a main course** !

0 - 17 À revoir ; **18 - 35** Moyen ; **36 - 53** Formidable ! ; **54 et plus** You're really very good!

Module 20
BASICS

Focus Le passé simple : la forme négative

Pour chaque affirmation donnée, choisissez la forme négative qui correspond.

Corrigé page 200

1. I bought some pears at the market.
   - A I didn't buy any pears at the market.
   - B I did buy not any pears at the market.
   - C I didn't bought any pears at the market.

2. Mack spent a lot of money on food.
   - A Mack didn't spent a lot of money on food.
   - B Mack didn't spend a lot of money on food.
   - C Mack aren't spent a lot of money on food.

3. We got rice, spinach and butter.
   - A We didn't got rice, spinach and butter.
   - B We got not rice, spinach and butter.
   - C We didn't get rice, spinach and butter.

4. Grapes were in season.
   - A Grapes didn't in season.
   - B Grapes don't in season.
   - C Grapes weren't in season.

5. Angie and Mick forgot to go shopping.
   - A Angie and Mick didn't forgot to go shopping.
   - B Angie and Mick aren't forgot to go shopping.
   - C Angie and Mick didn't forget to go shopping.

6. It slipped her mind.
   - A It didn't slipped her mind.
   - B It didn't slipp her mind
   - C It didn't slip her mind

Maintenant, le contraire : pour chaque phrase négative, choisissez la forme affirmative correspondante.

Corrigé page 200

1. We didn't get any leeks.
   - A We get any leeks.
   - B We got any leeks.
   - C We got some leeks.

2. I didn't know that his name was Jack.
   - A I know that his name was Jack.
   - B I knew that his name was Jack.
   - C I knowed that his name was Jack.

3. She didn't put a post on her social networks.
   - A She puts a post on her social networks.
   - B She putted a post on her social networks.
   - C She put a post on her social networks.

4. He didn't lose his parking space.
   - A He did lose his parking space.
   - B He losed his parking space.
   - C He lost his parking space.

5. They didn't take the subway.
   - A They take the subway.
   - B They took the subway.
   - C They did taked the subway.

Astuce La construction des formes négative et interrogative du passé est encore plus simple que pour le présent car l'auxiliaire est invariable à toutes les personnes. Une interrogation se forme donc avec **did** suivi du participe passé, et la négation se forme avec **did** suivi de **not** (dont la contraction est **didn't**).

Module 20
BASICS

Focus Le passé simple : la forme interrogative

Choisissez la question qui correspond à l'affirmation donnée.

Corrigé page 200

1. I went to the corner shop.
   - A Did you went to the corner shop?
   - B Are you went to the corner shop?
   - C Did you go to the corner shop?

2. He bought a frozen chicken.
   - A Did he buy a frozen chicken?
   - B Did he bought a frozen chicken?
   - C Did he buyed a frozen chicken?

3. They got some butter.
   - A Do they get any butter?
   - B Didn't they get some butter?
   - C Did they got some butter?

4. Mr Wallace took a holiday.
   - A Did Mr Wallace took a holiday?
   - B Did Mr Wallace take a holiday?
   - C Did take Mr Wallace a holiday?

5. We knew that the shop had organic grapes.
   - A Did the shop know that we had organic grapes?
   - B Did we know that the shop had organic grapes?
   - C Did we knew the shop had organic grapes?

Poursuivons.

1. I found some fresh fruit.
   - A Did you find any fresh fruit?
   - B Did you some fresh fruit find?
   - C Did you found any fresh fruit?

2. He had common sense.
   - A Had he common sense?
   - B Did he had common sense?
   - C Did he have common sense?

3. James and Bernie forgot the fruit juice.
   - A Did James and Bernie forgot the fruit juice?
   - B Did James and Bernie forgotten the fruit juice?
   - C Did James and Bernie forget the fruit juice?

4. They were late for lunch.
   - A Did they be late for lunch?
   - B Did they are late for lunch?
   - C Were they late for lunch?

Corrigé page 200

5. I knew your father.
   - A Did you knew my father?
   - B Knew you my father?
   - C Did you know my father?

Astuce Au passé, l'auxiliaire **to be** forme l'interrogation par inversion (**you were → were you?**) alors que **to have** se comporte comme un verbe normal (**I went → did you go?**).

Focus Expressions interrogatives de mesure, quantité (suite)

Choisissez la bonne formulation. (Parfois plusieurs réponses sont possibles.)

1. _____ the movie? – It lasted three hours.
   - A How high was
   - B How long was
   - C How much time was

2. _____ the Shard? – More than a thousand feet.
   - A How high is
   - B How many floors has
   - C What does measure

Corrigé page 200

3. _____ the Amazon? – Around three hundred feet.
   - A What depth
   - B How deep is
   - C How many feet has

4. _____ to the superstore? – About two miles.
   - A How long is it
   - B How far is it
   - C What far is it

5. _____ use the "Search" function? – Ten times a minute!
   - A How much time do you
   - B Which number of times do you
   - C How often do you

Astuce Dans ce type de question, l'accent tonique est placé sur le mot quantitatif (**high**, **long**, etc.).

Continuons.

1. _____ that box of fruit? – It weighs ten pounds.
   - A How many pounds
   - B What weighs
   - C How heavy is

2. _____ this carpet? – About half an inch.
   - A How thick is
   - B How much measures
   - C How many inches is

3. _____ you? – I'm about six feet.
   - A How heavy are
   - B How tall
   - C How thick

Corrigé page 200

4. _____ Maggie? – She's twenty-five.
   - A How old is
   - B How many years has
   - C How young is

5. _____? – I'm fine thanks. And you?
   - A How are things
   - B How are you
   - C How are you doing

Focus *To get* (suite)

Parmi les réponses données, choisissez les éléments qui remplacent les mots signalés en gras.

1. Nick forgets everything. **He has** a memory like a sieve!
   - A He gets
   - B He's got
   - C He gets

2. **Does she have** time to finish before she leaves?
   - A Has she got
   - B Does she got
   - C Did she get

3. How many cousins **does she have**?
   - A did she get
   - B did she got
   - C has she got

4. My new tablet **doesn't have** a camera.
   - A doesn't get
   - B hasn't get
   - C hasn't got

5. **Do you have** a good memory?
   - A Do you get
   - B Have you got
   - C Have you get

6. **I have only** one hour to finish my report.

A I've have got only B I got only C I've got only

7. **Does your phone have** a USB port?

A Does your phone have got

B Has your phone got

C Does your phone get

Corrigé page 200

8. **She has** a very bad headache.

A She's got B She got C She's get

9. **Sue has** three dogs and two cats.

A Sue's got B Sue is got C Sue gets

10. **You don't have much chance** of winning the jackpot.

A You've got not much chance

B You haven't got much chance

C You don't have got much chance

Astuce Dans ce contexte, **got** n'ajoute rien au sens à la phrase, si ce n'est un registre un peu plus familier. Ce type de tournure est réservé plutôt à l'oral qu'à l'écrit car il est jugé « inélégant » – tout en étant extrêmement courant.

Focus *Either / Neither / Both*

Choisissez la bonne formulation.

1. You can have _____ a savings account _____ a current account, but not both.

A either – either B or – or C either – or

2. _____ wanted to go back to work after the holidays.

A Either of us B Neither of us C Neither us

3. He didn't want to talk to _____.

A either of we B neither of us C either of us

4. Martha isn't coming to the rehearsal. – Her husband isn't coming _____.

   (A) either (B) neither (C) both

5. _____ my girlfriend _____ afford to rent a flat in London.

   (A) Neither I nor – can
   (B) Both I or – can't
   (C) Either I nor – can't

Corrigé page 200

Astuce Dans une construction avec **either... or** ou **neither... nor**, le verbe qui suit doit être au singulier (**either he or she is**). Cependant, dans la langue parlée, il est courant d'entendre le pluriel car, logiquement, il y a bien deux personnes qui sont concernées.

Voici une autre série :

1. I really don't like this carpet. – I don't like it _____.

   (A) either (B) neither (C) both

2. And I don't like the chairs. – _____ I.

   (A) Neither do (B) Either do (C) Either does

3. He can't do the shopping today. – _____ she. She's too busy.

   (A) Either can (B) Neither does (C) Neither can

4. Which do you prefer: soccer or cricket? – _____. I prefer basketball.

   (A) Neither (B) Both (C) Either

5. _____ you're wrong _____ I am, but not _____ of us.

   (A) Either – or – both
   (B) Either – nor – neither
   (C) Neither – or – either

Focus Vocabulaire thématique : Les achats, le shopping

Choisissez la bonne traduction. (Plusieurs réponses sont parfois possibles.)

1. *une caisse*

   (A) a checkout (B) a cash (C) a check-in

Module 20
BASICS

2. *une bonne affaire*
   - A a deal
   - B a bargain
   - C an affair

3. *un achat*
   - A a buy
   - B a shop
   - C a purchase

4. *en solde, soldé*
   - A for sale
   - B on sale
   - C for sail

5. *un centre commercial*
   - A a mall
   - B a shopping centre
   - C a commercial centre

Corrigé page 200

6. *une devanture (de magasin)*
   - A a shop front
   - B a window display
   - C a window box

7. *comparer les prix*
   - A to price shop
   - B to price
   - C to shop around

8. *une allée*
   - A an isle
   - B an aisle
   - C an alley

9. *une commerce de proximité*
   - A a close shop
   - B a clothes shop
   - C a convenience store

10. *faire du lèche-vitrines*
    - A to go window-shopping
    - B to go window licking
    - C to free-shop

Verbes

to ache	*être douloureux, faire mal*
to last	*durer*
to search (for)	*rechercher*
to slip	*glisser*

Noms

ache **earache** **headache** **toothache**	*douleur, mal* *mal d'oreille* *mal à la tête* *mal aux dents*
grape	*raisin*
leek **leak** (homophone)	*poireau* *fuite*
mind	*esprit*
raisin ✋!	*raisin sec*
rehearsal	*répétition* (théâtre, etc.)
sieve	*passoir*

Adjectifs

common	*courant, commun, ordinaire*
thick	*épais*

Module 20
CORRIGÉ

VOTRE SCORE :

Basics

PAGES 190-191 – Le passé simple : la forme négative

1Ⓐ 2Ⓑ 3Ⓒ 4Ⓒ 5Ⓒ 6Ⓒ

1Ⓒ 2Ⓑ 3Ⓒ 4Ⓒ 5Ⓑ

PAGES 192-193 – Le passé simple : la forme interrogative

1Ⓒ 2Ⓐ 3Ⓒ 4Ⓑ 5Ⓑ

1Ⓐ 2Ⓒ 3Ⓒ 4Ⓒ 5Ⓒ

PAGES 193-195 – Expressions interrogatives de mesure, quantité (suite)

1Ⓑ 2Ⓐ 3Ⓑ 4Ⓑ 5Ⓒ

1Ⓒ 2Ⓐ 3Ⓑ 4Ⓐ 5Ⓐ, Ⓑ et Ⓒ*

* Les trois questions signifient toutes *Comment vas-tu ?*, dans un registre familier qui se rapprocheraient du tutoiement en français.

PAGES 195-196 – **To get** (suite)

1Ⓑ 2Ⓐ 3Ⓒ 4Ⓒ 5Ⓑ 6Ⓒ 7Ⓑ 8Ⓐ 9Ⓐ 10Ⓑ

PAGES 196-197 – **Either / Neither / Both**

1Ⓒ 2Ⓑ 3Ⓒ 4Ⓐ 5Ⓐ

1Ⓐ 2Ⓐ 3Ⓒ 4Ⓐ 5Ⓐ

PAGES 197-199 – Vocabulaire thématique : Les achats, le shopping

1Ⓐ 2Ⓐ et Ⓑ* 3Ⓒ 4Ⓑ** 5Ⓐ (US) et Ⓑ (GB) 6Ⓑ 7Ⓒ*** 8****Ⓑ 9Ⓒ (US) 10Ⓐ*****

* **A deal** (*une affaire, un accord*) est largement utilisé dans le commerce en ligne pour signaler *une bonne affaire*. Par ailleurs, **bargain** est aussi un verbe, signifiant *marchander*.

** Au pluriel, **sales**, *les ventes*, signifie les *soldes*. Ne pas confondre **for sale**, *à vendre*, avec **on sale**, *soldé*. Rappelons que l'homophone **a sail** signifie *une voile*.

*** Littéralement, **to shop around** « faire des achats autour » signifie *faire le tour des magasins pour comparer les prix*. Si le commerce en ligne a modifié physiquement les habitudes, il n'a pas changé le vocabulaire.

**** Ne pas confondre les homophones **aisle** *(allée)* et ***isle*** *(île)*, qui se prononcent [aïll].

***** Ou, tout simplement, **to window-shop**.

Vous avez obtenu entre 0 et 15 ? Reprenez chaque question en regardant les endroits où vous avez fait des erreurs.

Vous avez obtenu entre 16 et 31 ? C'est très moyen, mais ne vous découragez pas.

Vous avez obtenu entre 32 et 49 ? Formidable ! Analysez les erreurs et, si besoin, révisez la ou les notions que vous ne maîtrisez pas complètement.

Vous avez obtenu 50 et plus ? You're really very good!

Focus Les adjectifs : la forme régulière du comparatif

Choisissez la bonne formulation.

1. Patricia is much _____ than _____. She's at least thirty-five.
   A oldder – me B older – me C oldest – I

2. Not only that but she's also _____.
   A ritcher B richest C richer

3. The weather is strange: it's _____ in Alaska than in Death Valley this week!
   A hoter B more hot C hotter

4. Her fifteen-year-old daughter is _____ than _____.
   A taller – her B taler – she C taller – she

5. The planet that they discovered is _____ and _____ than the Earth.
   A bigger – colder B bigger – more cold C biger – colder

Astuce Le facteur déterminant dans la formation des adjectifs comparatifs est le nombre de syllabes. Pour les adjectifs courts (une syllabe) il suffit d'ajouter **-er** (ou **-r** si la dernière lettre du mot est « e »). Pour ceux se terminant par une seule consonne précédée d'une seule voyelle, la consonne est doublée (**big** → **bigger**). Pour les adjectifs de deux syllabes (sauf ceux qui se terminent en **-y**, qui suivent la même règle que les mots monosyllabiques) ou plus, il suffit d'ajouter **more** (*plus*) devant.

1. In some countries, CDs are _____ than vinyl.
   A expensiver B more expensive C most expensive

2. The cookery show is much _____ than it sounds.
   A more entertainment
   B entertaininger
   C more entertaining

Corrigé page 209

3. Learning to fly is _____ than you think.
   A hardier B more hard C harder

4. Personal qualities are much ______ than qualifications
   A more important B importanter C most important

Module 21
BASICS

5. How do you make your life ______ and ______? – Stop working!
   - A more easy – more happy
   - B easier – happier
   - C easyer – happyer

Corrigé page 209

6. The staff are ______ and ______ than I thought.
   - A friendlier – patienter
   - B friendlier – more patient
   - C more friendly – more patient

Focus Les adjectifs : la forme régulière du superlatif

Choisissez la bonne formulation.

1. The White Tower is ______ building in London.
   - A oldest
   - B the eldest
   - C the oldest

2. And ______ building in Chicago is the Willis Tower.
   - A talest
   - B tallest
   - C the tallest

3. ______ day of the year is in mid-June.
   - A The longest
   - B The most long
   - C Most long

4. Is your guest a VIP? – No, she's ______ person.
   - A the much important
   - B the most important
   - C the more important

5. What's ______ country in the world? – My country!
   - A the most friendly
   - B the friendliest
   - C the most friendlier

1. San Francisco is one of ______ cities in the United States.
   - A the expensivist
   - B the most expensive
   - C more expensive

2. ______ word in Britain is the name of a Welsh village.
   - A Longest
   - B The longest
   - C The longerist

3. This is ______ question in the exercise.
   - A the easyiest
   - B easiest
   - C the easiest

4. According to Sally, she is one of ______ people in the word.
   - A happyest
   - B the happyest
   - C the happiest

5. What's ______ thing to remember? – I forget.
   - A the most important
   - B the importantest
   - C the more important

Corrigé page 209

Astuce La règle de longueur pour les adjectifs comparatifs s'applique aussi à la forme superlative : les mots monosyllabiques prennent la terminaison **-est**, alors que les mots longs sont précédés de **the most** (*le plus*). Par ailleurs, il faut toujours utiliser l'article défini **the** avec le superlatif.

Focus Le passé révolu : les marqueurs de temps

Choisissez le mot qui convient.

1. Do you remember Billy Bell? He was a big movie star twenty years ______.
   - A ago
   - B agone
   - C past

2. Where is your brother? I heard him on the phone ______.
   - A ago
   - B just now
   - C now

3. His wife left him ______ when she met another woman.
   - A a long time
   - B ages ago
   - C ago

4. ______ people ate when they were hungry. Now they eat all the time.
   (A) In the days (B) Old days (C) In the old days

5. I'm afraid that I can't remember the date. It happened ______.
   (A) a long time ago (B) a long time (C) a long ago time

Astuce **Ago**, une apocope de **agone** (du participe passé de **to go**), indique une action révolue dans un passé plus ou moins lointain. Elle est utilisée avec le passé simple et se place après le complément de temps (**year**, **week**, **hour**, etc.).

Focus Les quantificateurs imprécis

Corrigé page 209

Choisissez la bonne formulation.

1. The hotel was nice but I was ______ disappointed with the service.
   (A) a bit (B) a lot (C) plenty of

2. We have ______ time before the match starts. Let's go to the pub.
   (A) fully of (B) plenty of (C) many

3. There are ______ things we must do before we leave.
   (A) much (B) a pair of (C) a couple of

4. Every year, ______ people visit Stonehenge.
   (A) thousands of (B) a thousand of (C) thousand

5. Some lucky people are making ______ money with this online game.
   (A) lots (B) tons of (C) kilos of

Astuce Ces expressions idiomatiques sont très courantes, bien qu'aucune d'entre elles ne donne un nombre ou une mesure précis – même **a couple of**, qui ne s'applique pas forcément à deux personnes ou choses.

Focus Les noms pluriels irréguliers (suite)

Choisissez la bonne forme du pluriel. (Plusieurs réponses peuvent être possibles.)

1. ox
   - A oxes
   - B oxen
   - C oxi
2. analysis
   - A analysises
   - B analyses
   - C analysis
3. goose
   - A gooses
   - B goosen
   - C geese
4. fish
   - A fish
   - B fishes
   - C fishen
5. crisis
   - A crisises
   - B crises
   - C crisii

Voici une autre liste :

Corrigé page 209

1. index
   - A indexii
   - B indices
   - C indexes
2. sheep
   - A sheep
   - B sheeps
   - C ship
3. person
   - A persons
   - B people
   - C piple
4. means
   - A mean
   - B means
   - C meane
5. data
   - A data
   - B datum
   - C datae

Astuce En ce qui concerne les pluriels, il existe quelques différences entre l'anglais britannique et l'anglais américain (par exemple, le pluriel de **index**, *un indice*, est, respectivement, **indices** et **indexes**). Mais ces divergences n'entravent pas la compréhension.

Module 21
BASICS

Focus **Utiliser des « questions tags » pour rebondir dans une conversation**

Choisissez le bon « tag » pour rebondir sur ce que vient de dire l'interlocuteur.

1. The MPs weren't happy with the result of the vote. – ______?
   (A) Were they (B) Weren't they (C) Wasn't they

2. Sarah Summer made that movie twenty years ago. – ______?
   (A) Is she (B) Did she (C) Does she

3. I saw Matt yesterday in the street but I did not stop. – ______?
   (A) Did not you (B) Didn't you (C) Were you

4. The film director was married to an Irish model and actress. – ______?
   (A) Did he (B) Was he (C) Isn't he

5. The last season of the series was not very exciting. – ______?
   (A) Was it (B) Wasn't it (C) Was not it

6. I'm afraid that the parcel didn't arrive on time. – ______?
   (A) Did it (B) Did I (C) Didn't it

7. When I was a student in America, I wasn't allowed to work. – ______?
   (A) Was you (B) Weren't you (C) Wasn't you

8. We didn't know that Little France was in Edinburgh. – ______?
   (A) Did we (B) Did you (C) Didn't you

9. We can't remember the person who you are talking about. – ______?
   (A) Can't you (B) Can you (C) Can we

10. Robert and his daughter didn't get the contract that they wanted. – ______?
    (A) Didn't he (B) Did he (C) Didn't they

Focus Vocabulaire thématique : Le cinéma

Choisissez la bonne traduction. (Plusieurs réponses sont parfois possibles.)

1. *un metteur en scène*
   A a stager B a director C a producer

2. *le générique*
   A the credits B the generic C the name list

3. *doubler (film)*
   A to voice B to double C to dub

4. *le cinoche*
   A the flicks B the movies C the cinema

5. *une bande-annonce*
   A a trailer B an advert C an announcement

6. *un scénario*
   A a screenplay B a story C a text

7. *un plateau (tournage)*
   A a tray B a turntable C a set

8. *un figurant*
   A a supporter B a character actor C an extra

9. *tourner (un film)*
   A to make B to shoot C to edit

10. *un film à l'eau de rose*
    A a rosewater movie
    B a tear jerker
    C a tragedy

Corrigé page 209

Module 21
VOCABULARY

Verbes

to stop	*(s')arrêter*

Adverbes, pronoms, etc.

plenty of	*plein de, beaucoup de*

Noms

analysis (pl. **analyses**)	*analyse(s)*
fish (pl. **fish/fishes**)	*poisson(s)*
goose (pl. **geese**)	*oie(s)*
index (pl. **indices** GB, **indexes** US)	*indice(s)*
ox (pl. **oxen**)	*bœuf(s)*
sheep (inv.)	*mouton(s)*
staff	*personnel*

Les formes au comparatif et au superlatif des adjectifs

Adjectifs monosyllabiques + dissyllabiques se terminant et **-y** (exemples)

hot	*chaud*	**hotter**	*plus chaud*	**the hottest**	*le plus chaud*
long	*long*	**longer**	*plus long*	**the longest**	*le plus long*
old	*vieux*	**older**	*plus vieux*	**the oldest**	*le plus vieux*
tall	*haut*	**taller**	*plus haut*	**the tallest**	*le plus haut*
easy	*facile*	**easier**	*plus facile*	**the easiest**	*le plus facile*
friendly	*amical*	**friendlier**	*plus amical*	**the friendliest**	*le plus amical*

Adjectifs polysyllabiques (exemples)

expensive	*cher*	**more expensive**	*plus cher*	**the most expensive**	*le plus cher*
important	*important*	**more important**	*plus important*	**the most important**	*le plus important*

Module 21
CORRIGÉ

VOTRE SCORE :

Basics

PAGES 201-202 – Les adjectifs : la forme régulière du comparatif

1 B 2 C 3 C 4 A 5 A

1 B 2 C 3 C 4 A 5 B 6 B

PAGES 202-203 – Les adjectifs : la forme régulière du superlatif

1 C* 2 C 3 A 4 B 5 B

1 B 2 B** 3 C 4 C 5 A

* **The eldest** est utilisé pour une personne (*l'aîné*).

** Pour information, ce village s'appelle :

Llanfairpwllgwyngyllgogerychwyrndrobwllllantysiliogogogoch.

PAGES 203-204 – Le passé révolu : les marqueurs de temps

1 A 2 B 3 B 4 C 5 A

PAGE 204 – Les quantificateurs imprécis

1 A 2 B 3 C 4 A 5 B*

* L'expression **tons of**, *des tas de*, peut aussi se dire **a ton of**, sans différence de sens.

PAGE 205 – Les noms pluriels irréguliers (suite)

1 B 2 B 3 C 4* A et B 5 B

1** B et C 2 A 3*** A et B 4 B 5 A****

* **Fish**, au pluriel, se rapporte aux poissons dans leur globalité, alors que **fishes** s'emploie lorsqu'on compte chaque espèce individuellement. Le premier mot est le plus courant des deux.

** **Indices** s'emploie en anglais britannique et **indexes** en américain.

*** **People** est utilisé en anglais courant alors que **persons** est employé dans le langage plutôt officiel (contrats, textes de loi, etc.).

**** Bien que pluriel (sing. **datum**), **data** est employé aussi au singulier en anglais britannique.

PAGE 206 – Utiliser des « question tags » pour rebondir dans une conversation

1 A 2 B 3 B 4 B 5 B 6 C 7 B 8 C* 9 A 10 C

* Les liens historiques étroits entre la France et l'Écosse sont mis en évidence dans le nom de cette banlieue d'Édimbourg, où séjourna Marie Stuart.

PAGE 207 – Vocabulaire thématique : Le cinéma

1 B 2 A* 3 C 4 A, B et C** 5 A 6 A et B*** 7 C 8 C 9 A et B 10 B****

* **a generic**, *un médicament générique*

** Le terme familier qui correspond le plus est **the flicks** (de **to flicker**, *osciller, vaciller*). Mais on dit aussi **the cinema**, notamment en Grande-Bretagne, ainsi que **the movies** (aphérèse de **moving pictures**, *les images qui bougent*) aux États-Unis (et, de plus en plus, en Grande-Bretagne).

*** **A screenplay** (« pièce d'écran ») s'emploie spécifiquement pour le cinéma ; **a text** est un mot générique pour *un imprimé*, *un livre*, etc.

**** Littéralement, **a tear-jerker** est un « arrache-larmes » !

0 - 15 À revoir ; **16 - 31** Moyen ; **32 - 49** Formidable ! ; **50 et plus** You're really very good!

Module 22
BASICS

Focus Le comparatif et le superlatif d'infériorité

Corrigé page 220

Choisissez la bonne formulation.

1. British humour is _____ French humour. – Really?
   - A less funnier than
   - B less funny than
   - C less funnier than

2. That blue duffel coat is _____ and more comfortable than I expected.
   - A less heavy
   - B the less heavy
   - C less heavier than

3. In my opinion, golf is _____ sport to watch on TV.
   - A the least entertaining
   - B the less entertaining
   - C least entertaining

4. Apparently, vaping is much _____ smoking. – You're wrong.
   - A the less dangerous than
   - B least dangerous than
   - C less dangerous than

5. Unfortunately, I chose _____ vacuum cleaner. – That was a bad idea!
   - A the less expensive
   - B the least expensive
   - C least expensive than

Astuce Pour construire le comparatif et le superlatif d'infériorité, la longueur (nombre de syllabes) de l'adjectif n'est pas un critère, contrairement aux formes de supériorité.

Continuons.

1. The building is _____ I thought, but it's still not attractive.
   - A less ugly than
   - B least ugly
   - C the less ugly than

Corrigé page 220

2. They say that Dakota is _____ place to visit in the United States.
   - A least interesting
   - B the less interesting
   - C the least interesting

3. The Statue of Liberty is _____ I thought.
   - A less tall than
   - B less tall as
   - C least tall than

4. This is _____ beaches on the south coast.
   - A one least crowded
   - B one of least crowded
   - C one of the least crowded

5. The chef cooks food that's _____, so Americans love it.
   - A less spicy and salty
   - B less spicier and saltier
   - C least spicy and salty

Focus Le comparatif et le superlatif d'infériorité (formes irrégulières)

Choisissez la bonne formulation.

1. The player's condition is stable but his injury is _____ we thought.
   - A badder than
   - B worst than
   - C worse than

2. What is _____ way to lose weight? – Don't eat anything.

(A) the goodest (B) the most good (C) the best

3. "The Darkest Night" was _____ movie that the director ever made.

(A) the baddest (B) the worst (C) the worse

4. How far is the store? – It's _____ than we thought.

(A) farer (B) father (C) farther

5. Perth is _____ city in the world from New York.

(A) the farest (B) the farthest (C) the most far

Astuce Il existe d'autres formes irrégulières qui introduisent certaines nuances (par exemple, **furthest** au lieu de **farthest**), mais on peut très bien s'en passer pour communiquer effectivement à ce niveau d'apprentissage.

Continuons.

1. Mitch Samson is a _____ actor than his _____ friend, Tom Trip.

(A) best – better (B) better – best (C) better – bestest

2. Florida has _____ theme park in the world. – Yes, but Paris has _____ restaurants.

(A) the biggest – the best

(B) biggest – best

(C) the biggest – the bester

3. How is business? – Much _____ than last year, I'm afraid.

(A) worst (B) worse (C) the worst

4. The air quality in major cities is getting _____.

(A) gooder and gooder

(B) good and better

(C) better and better

5. You must try a little harder if you want to beat me. – I'm doing _____.
   (A) my good (B) my best (C) the best

Focus Le comparatif avec les pronoms possessifs

Choisissez la bonne formulation.

1. Your work is _____ important _____. I make the tea.
   (A) less – of me
   (B) least – than me
   (C) less – than mine

2. You have _____ experience _____.
   (A) more – than me
   (B) most – than my
   (C) much – me

Corrigé page 220

3. They are good at what they do, but we're _____.
   (A) more good than they
   (B) better than they're
   (C) better than them

4. Our garden is bigger _____, so we can grow more vegetables.
   (A) than they
   (B) than theirs
   (C) than there's

5. Cathy's contribution to the project was _____ than _____.
   (A) less useful – Steve's
   (B) least useful – Steve
   (C) the less useful – the contribution of Steve

6. James is a good designer, but our product costs _____ than _____.

   A less – him

   B least – he

   C less – his

Corrigé page 220

7. Yes, but his operating expenses are _____.

   A lower than us

   B lower than ours

   C lower than we

8. How old is your legal adviser? – I'm not sure but I think that he's _____.

   A older than me

   B older of me

   C older than mine

9. He says that vegetarians are _____.

   A healthier than we

   B more healthy that us

   C healthier than us

10. Her cooking is much _____ than _____.

   A less tasty – hers mother

   B less tasty – her mother's

   C less tastier – her mother's cooking

Astuce Le pronom possessif permet d'éviter la répétition d'un nom propre (voir Module 4). Dans une comparaison avec le cas possessif, on peut omettre le complément (**Her cooking is tastier than her mother's cooking**).

Focus Les prépositions (suite)

Choisissez la bonne préposition en faisant attention aux différences éventuelles entre l'anglais et le français.

1. You can borrow music CDs and films _____ your local library.
   A of B from C to
2. When I was at college, I was very good _____ marketing.
   A in B into C at
3. It's time _____ a change of leadership in this country. Vote for me!
   A of B for C to
4. We think _____ you all the time.
   A at B to C about
5. The new ship is made _____ a special type of steel.
   A in B of C up

Astuce Dans ces exemples, la préposition qui suit chaque verbe diffère de son équivalent français et doit donc être apprise. Un bon moyen de le faire est de créer des mnémotechniques (par exemple **translate <u>into</u>**, *traduire vers*, car il y a un mouvement <u>vers</u> la langue cible).

1. I'm surprised _____ you! I thought you were my friend.
   A at B with C of
2. I want you to be nice _____ her. Her husband is very ill.
   A with B to C at
3. He was very pleased _____ the results of his tests.
   A with B in C after
4. The answer to the question depends _____ who you ask.
   A on B of C from
5. Misha is translating my novel _____ Russian.
   A in B into C to

Focus Les mots anglais sans équivalents précis en français

Choisissez la bonne traduction pour les termes entre parenthèses.

1. The plumber *(faire payer)* us two hundred pounds to fix the tap.
   A loaded — B charged — C paid

2. The beach is wide and sandy and the water is very *(peu profound)*.
   A not deep — B undeep — C shallow

3. I really *(aimer faire)* talking to you.
   A liked to do — B pleased — C enjoyed

4. We spent a *(douillet, agréable)* evening by the fire with friends.
   A cozy — B secure — C soft

5. When I was at university, I was in *(sentiment de respect mêlé de crainte)* my philosophy professor.
   A awe of — B or of — C ore of

Astuce Il est toujours possible de trouver une périphrase ou une circonlocution pour certains mots ou expressions, sans qu'il y ait un équivalent exact. Le même phénomène marche en sens inverse, bien sûr : des mots comme *sympathique* et *évolutif* sont souvent difficiles à traduire. Par ailleurs, la langue anglaise a emprunté directement de nombreux mots et expressions françaises (**déjà-vu**, **fait accompli**, **Bon voyage**, **C'est la vie**, etc.).

Focus Les mots faciles à confondre

*Les verbes **to lie**,* s'allonger, s'étendre *et aussi* mentir, *et **to lay**,* poser, mettre, *sont un peu difficiles à manier. Pour chaque cas, choisissez la bonne forme.*

1. Yesterday evening, Molly _____ the table and lit the candles.
   A lied — B laid — C lain

2. My boyfriend _____ to me about his income.
   A lain — B lied — C lay

3. He _____ down on the bed and closed his eyes.
   A lay — B lied — C lain

4. How many senators _____ in honour in the Capitol in Washington DC?
   - **A** have lain
   - **B** have lied
   - **C** have lay

5. She _____ the shopping on the table when he came into the kitchen.
   - **A** lain
   - **B** laid
   - **C** lied

Astuce Ces trois verbes – dont deux irréguliers **to lie** (*s'allonger*, *s'étendre*) et **to lay** (*poser*, *mettre*), ainsi qu'un régulier, **to lie** (*mentir*) – sont souvent confondus, même par les anglophones de souche ! Il faut donc les apprendre. Les temps primitifs sont, respectivement : **to lie, lay, lain** ; **to lay, laid, laid** et **to lie, lied, lied.**

Focus Vocabulaire thématique : Les affaires

Choisissez la bonne traduction. (Plusieurs réponses peuvent être possibles.)

1. *un produit (article)*
   - **A** a product
   - **B** produce
   - **C** produces

2. *un concurrent*
   - **A** a competer
   - **B** a competitor
   - **C** a challenger

3. *une facture*
   - **A** an invoice
   - **B** a manufacture
   - **C** a bill

4. *l'offre et la demande*
   - **A** offer and demand
   - **B** offer and request
   - **C** supply and demand

Corrigé page 220

5. *la direction (d'une société)*
   - **A** leadership
   - **B** direction
   - **C** management

6. *une filiale*
   - **A** a sister company
   - **B** a subsidiary
   - **C** a branch

7. *un actionnaire*
   - **A** a shareholder
   - **B** an activitist
   - **C** a sharer

8. *l'ordre du jour*
- A the order of the day
- B the day's order
- C the agenda

Corrigé page 220

9. *un comptable*
- A a book-keeper
- B a bookmaker
- C an accountant

10. *le siège (entreprise)*
- A the seat
- B the head office
- C the headquarters

Verbes

to be in awe of	*admirer et craindre simultanément*
to beat	*battre*
to borrow (from)	*emprunter (à)*
to charge ✋!	*faire payer, facturer* (voir Module 3)
to expect	*s'attendre à, prévoir*
to lie (régulier)	*mentir*
to lie / lay / lain	*s'allonger*
to light	*allumer*
to vape	*vapoter*

Noms

expense **operating expenses**	*dépense, charge, frais* *frais de fonctionnement*
library ✋!	*bibliothèque*
produce	*produits agricoles*
product	*produit*
steel	*acier*

tap	*robinet*
vacuum cleaner	*aspirateur*

Adjectifs

apparently	*apparemment*
attractive	*attrayant, séduisant*
cozy, cosy	*douillet, agréable*
crowded	*bondé, plein de monde*
salty	*salé*
shallow	*peu profond*
ugly	*laid*

Comparatifs et superlatifs irréguliers

bad, worse, the worst	*mauvais, pire, le pire*
far, farther, the furthest	*loin, plus loin, le plus loin*
good, better, the best	*bon, meilleur, le meilleur*

Module 22
CORRIGÉ

VOTRE SCORE :

Basics

PAGES 210-211 – Le comparatif et le superlatif d'infériorité

1 B 2 A 3 A 4 C 5 B

1 A 2 C 3 A 4 C 5 A

PAGES 211-213 – Le comparatif et le superlatif d'infériorité (formes irrégulières)

1 C 2 C 3 B 4 C 5 B

1 B 2 A 3 B 4 C 5 B

PAGES 213-214 – Le comparatif avec les adjectifs possessifs

1 C 2 A 3 C 4 B* 5 A 6 C 7 B 8 A 9 C 10 B

* Attention : **theirs**, *le leur*, et **there's**, *il y a*, sont homophones.

PAGE 215 – Les prépositions (suite)

1 B 2 C 3 B 4 C 5 B

1 A 2 B 3 A 4 A 5 B

PAGE 216 – Les mots anglais sans équivalents précis en français

1 B 2 C 3 C 4 A 5 A*

* **Awe** est un vieux mot qui exprime la notion de respect mélangé de crainte. Les deux autres propositions sont des homophones, dont **ore**, *le minerai*.

PAGES 216-217 – Les mots faciles à confondre

1 B 2 B 3 A 4 A 5 B

PAGES 217-218 – Vocabulaire thématique : Les affaires

1 A* 2 B 3 A et C** 4 C*** 5 C 6 B**** 7 A 8 C 9 A et C***** 10 B et C

* Le nom indénombrable **produce** signifie *les produits* ou *denrées agricoles*.

** **An invoice** est le terme commercial alors que **a bill** est *une addition de restaurant*, etc.

*** Faux-amis : *une offre*, **an offer** MAIS *l'offre* dans le sens économique est **supply**. De même, **to demand** = *exiger* mais le nom indénombrable **demand** signifie *l'offre* dans un contexte économique.

**** **a branch**, *une succursale*

***** **A book-keeper** (« teneur de livres ») est une personne qui tient les comptes d'une entreprise alors que **an accountant** intervient à un niveau supérieur (analyse, conseil, etc.).

Vous avez obtenu entre 0 et 15 ? Reprenez chaque question en regardant les endroits où vous avez fait des erreurs.

Vous avez obtenu entre 16 et 31 ? C'est très moyen, mais ne vous découragez pas.

Vous avez obtenu entre 32 et 49 ? Formidable ! Analysez les erreurs et, si besoin, révisez la ou les notions que vous ne maîtrisez pas complètement.

Vous avez obtenu 50 et plus ? You're really very good!

Focus Le passé progressif (ou continu) à l'affirmatif

Choisissez la bonne formulation.

1. He _____ television all evening, until nine o'clock.
   - A was watched
   - B was watching
   - C were watching

2. Last summer, Danny and I _____ on a campsite in Yorkshire.
   - A have worked
   - B was working
   - C were working

3. The sun _____ and people _____ a picnic in Central Park.
   - A shining – had
   - B was shining – was having
   - C was shining – were having

4. We _____ about inviting my ex to the wedding. – Bad idea!
   - A was thinking
   - B were thinking
   - C be thinking

5. I _____ what you did to reboot the system.
   - A have wondering
   - B were wondering
   - C was wondering

Corrigé page 230

Astuce Le passé continu (ou progressif) correspond souvent à l'imparfait en français (un temps dont l'anglais n'a pas d'équivalent direct), ou bien à la notion « d'être en train de faire quelque chose ».

Module 23
BASICS

Corrigé page 230

1. They _____ for good news but now they know the truth.
   - A have hoping
   - B was hoping
   - C were hoping

2. Don _____ and his wife _____ to her media player.
   - A having dinner – listened
   - B was having dinner – was listening
   - C had dinner – was listening

3. I _____ to your assistant. – She left ten minutes ago.
   - A was hoping talk
   - B was hope talking
   - C was hoping to talk

4. My wife, her best friend and I _____ all _____ a house in a small town near Exeter.
   - A was – sharing
   - B were – sharing
   - C was – shared

5. I called one of my colleagues but he _____ emails to his girlfriend.
   - A was senting
   - B was sending
   - C sent

Focus Le passé progressif (ou continu) : formes interrogative et négative

Choisissez la formulation interrogative correspondant à l'affirmation soulignée. (Plusieurs réponses peuvent être possibles.)

1. <u>Ali was working in a pub</u> in London last year.
   - A Was Ali working in a pub?
   - B Ali was he working in a pub?
   - C Were Ali working in a pub?

Corrigé page 230

2. We were hoping to meet your colleague.
   - A Was you hoping to meet?
   - B Were hoping you to meet?
   - C Were you hoping to meet?

3. Andrew and I were playing video games.
   - A They were playing video games?
   - B Were they playing video games?
   - C Was they playing video games?

4. They were asking me lots of questions.
   - A Why they were asking me?
   - B Why do they asking me?
   - C Why were they asking me?

5. They were looking for an important document.
   - A For what they were looking?
   - B What for they were looking?
   - C What were they looking for?

Maintenant, choisissez la bonne forme négative correspondant à l'affirmation soulignée. (Plusieurs réponses peuvent être possibles.)

1. Ah, there you are. We were looking for you.
   - A We weren't looking for you.
   - B We wasn't looking for you.
   - C We were not looking for you.

2. I was trying very hard to install the new app.
   - A Wasn't I trying very hard to install the new app.
   - B I wasn't trying very hard to install the new app.
   - C I very wasn't trying hard to install the new app.

3. I heard that Aysha <u>was working until midnight last night</u>.
   - **A** Aysha was not working until midnight last night.
   - **B** Aysha not was working until midnight last night.
   - **C** Aysha weren't working until midnight last night.

4. <u>She was texting her friends</u> for hours and hours.
   - **A** She wasn't texting her friends.
   - **B** She was not texting her friends.
   - **C** She was texting not her friends.

5. <u>My son was doing his homework last night.</u>
   - **A** My son weren't doing his homework last night.
   - **B** My son was not doing his homework last night.
   - **C** My son wasn't doing his homework last night.

Astuce Les règles de formation de l'interrogatif et du négatif sont exactement les mêmes que pour le présent continu.

Focus Le passé simple et/ou le passé continu

Choisissez la bonne forme des verbes.

1. He _____ a video while he _____ clients on the phone.
   - **A** was watching – was talking to
   - **B** was watched – was talked to
   - **C** were watching – were talking to

2. When the vice-president _____ into the office, I _____ on the budget.
   - **A** was coming – was working
   - **B** was coming – worked
   - **C** came – was working

3. What _____ before the accident _____?
   - **A** you were going – was happening
   - **B** were you doing – happened
   - **C** were doing – was happening

Corrigé page 230

4. _____ while I _____? – Oh yes!
   - **A** Was I snoring – was sleeping
   - **B** Did I snoring – was sleeping
   - **C** I snored – was sleeping

Corrigé page 230

5. Sami _____ a big file when his computer suddenly _____.
   - **A** was downloading – froze
   - **B** was downloading – was freezing
   - **C** downloaded – was froze

Astuce N'oubliez pas que les verbes de préférence ou de perception n'ont pas de forme progressive (voir Module 14). Ainsi, c'est une faute de dire, au sens propre, **I was seeing**, même si cette action a duré un certain temps.

Poursuivons.

1. When the accident _____, the driver _____ the road.
   - **A** happened – was not watching
   - **B** was happening – did not watch
   - **C** was happening – did not watch
2. I _____ when I _____ her this morning in the elevator.
   - **A** was surprising – was seeing
   - **B** was surprised – was sawing
   - **C** was surprised – saw
3. Max _____ for bed when he _____ a noise outside the door.
   - **A** was getting ready – heard
   - **B** got ready – was hearing
   - **C** was getting ready – was hearing
4. My brother _____ a tooth while he _____ a candy bar.
   - **A** was breaking – was eating
   - **B** was breaking – ate
   - **C** broke – was eating

Module 23
BASICS

5. I _____ a nice group of people when I _____ in Australia.
   - A was meeting – was traveling
   - B met – was traveling
   - C was meeting – travelled

Focus Le comparatif et le superlatif d'adjectifs et d'adverbes (suite)

Choisissez la bonne formulation.

1. Sales are increasing _____ than we expected.
   - A more slowly
   - B slowlyer
   - C slowlier
2. Don't take the subway. It's _____ to walk.
   - A more quick
   - B quicklier
   - C quicker
3. A storm is much _____ than a hurricane.
   - A less frightening
   - B frighteningless
   - C least frightening
4. Pat's Diner makes _____ breakfasts _____ world.
   - A better – of the
   - B the best – in the
   - C best – in
5. It's _____ in Arizona than in Oregon.
   - A a lot hotter
   - B lot hotter
   - C a lot more hot

---

1. Unfortunately, he speaks Spanish _____. – What, _____ than me?
   - A bad – worse
   - B very bad – worst
   - C very badly – worse
2. Please ask your guests to talk _____.
   - A more quietly
   - B quietlier
   - C quieter
3. The central bank will move _____ than the government expects.
   - A more slowly
   - B slowlier
   - C much slowly
4. Thanks to contactless cards, you now need _____ cash when you travel.
   - A least
   - B last
   - C less
5. I expected you this afternoon. – I took _____ flight.
   - A earliest
   - B a more early
   - C an earlier

Focus Les adjectifs comparatifs utilisés avec un intensif

Choisissez le mot qui convient pour compléter les phrases suivantes :

1. Crossword puzzles are _____ than sudoku.
   A far easier B far easyer C a far easier

2. Sorry I'm late: the meeting was _____ than I thought.
   A lot longer B a lot more long C a lot longer

3. Public transport in this city is _____ expensive.
   A farther to B far to C far too

4. Jaffa Tower is _____ the tallest building in the world.
   A far out B by far C by more far

5. The shops are _____ during the week before Halloween.
   A more busy ever
   B more busier than ever
   C busier than ever

Corrigé page 230

6. The maths test was _____ than we expected.
   A much difficulter
   B many more difficult
   C much more difficult

7. _____ students leave university with huge debts.
   A Far too much
   B Far too many
   C Many too much

8. The situation is _____ than it appears.
   A a lot many complex
   B a lot more complex
   C a lot complexer

9. Diplomacy is _____ effective _____ war.
   A far more – that
   B far more – than
   C far many – than

Astuce **A lot more** peut remplacer **much more** (*beaucoup plus*) et **far more** (*bien plus, autrement plus*), la seule différence étant que cette première tournure est moins formelle que les deux autres.

Focus Vocabulaire thématique : L'informatique

Choisissez la bonne traduction. (Plusieurs réponses sont parfois possibles.)

1. *un traitement de texte*
   A a text processor B a word processor C a text program
2. *une sauvegarde (de fichier)*
   A a save B a backup C a safeguard
3. *faire un copier-coller*
   A to cut-glue B to cut and stick C to cut and paste
4. *un navigateur*
   A a navigator B a browser C a web searcher
5. *un tableur*
   A a spreadsheet B a worksheet C a cell program
6. *effacer (du texte dans un fichier, par exemple)*
   A to efface B to rub out C to delete
7. *un clavier*
   A a keyboard B a switchboard C a typewriter
8. *une connexion à haut-débit*
   A broadband B wideband C fastband
9. *un ordinateur portable*
   A a portable computer B a laptop C a notebook
10. *un moteur de recherche*
    A a search engine B a research engine C a search motor

Verbes

to freeze	*se figer*, « *planter* » (système)
to frighten	*effrayer*
to play	*jouer*
to share	*partager*
to shine	*briller*
to snore	*ronfler*

Adverbes, pronoms, etc.

outside	*dehors*, *en dehors de*
while	*pendant que*

Noms

client	*client* (qui achète des prestation de service – voir **a customer**, *un client* qui achète des denrées (Module 4))
crossword (puzzle)	*mots croisés*
flight	*vol* (avion, etc.)
guest	*invité*
news (sing.)	*actualités*, *nouvelles*
share	*action* (d'entreprise)
tooth (pl. **teeth**)	*dent*
war	*guerre*

Adjectifs

frightening	*effrayant*
huge	*énorme*

Module 23
CORRIGÉ

VOTRE SCORE :

Basics

PAGES 221-222 – Le passé progressif (ou continu) à l'affirmatif

1 B 2 C 3 C 4 B 5 C

1 C 2 B 3 C 4 B 5 B

PAGES 222-224 – Le passé progressif (ou continu) : formes interrogative et négative

1 A 2 C 3 B 4 C 5 C

1 A et C 2 B 3 A 4 A et B 5 B et C

PAGES 224-226 – Le passé simple et/ou le passé continu

1 A 2 C 3 B 4 A 5 A

1 A 2 C 3 A 4 C 5 B

PAGE 226 – Le comparatif et le superlatif d'adjectifs et d'adverbes (suite)

1 A 2 C 3 A 4 B 5 A

1 C 2 A 3 A 4 C 5 C

PAGE 227 – Les adjectifs comparatifs utilisés avec un intensif

1 A 2 C 3 C 4 B 5 C 6 C 7 B 8 B 9 B

PAGE 228 – Vocabulaire thématique : L'informatique

1 B 2 B* 3 C 4 B** 5 A*** 6 C**** 7 A***** 8 A 9 B et C 10 A

* On dit **to save (a file)** pour *sauvegarder (un fichier)* mais **a backup** signifie quelque chose qui vient en renfort, donc *une sauvegarde*. **A safeguard** signifie une protection, *un garde-fou*.

** **To browse** signifie littéralement « feuilleter un livre », « regarder de la marchandise sans acheter ».

*** **to spread**, *s'étendre* ; **a sheet**, *une feuille* (papier, etc.) ; **a workshee**t, *une feuille de calcul*

**** **To rub out** signifie bien *effacer*, mais sur un tableau noir ou une feuille de papier.

***** **A key** signifie *une clé* mais aussi *une touche de clavier*, tel qu'on peut en trouver sur **a typewriter**, *une machine à écrire*.

Vous avez obtenu entre 0 et 15 ? Reprenez chaque question en regardant les endroits où vous avez fait des erreurs.

Vous avez obtenu entre 16 et 31 ? C'est très moyen, mais ne vous découragez pas.

Vous avez obtenu entre 32 et 47 ? Formidable ! Analysez les erreurs et, si besoin, révisez la ou les notions que vous ne maîtrisez pas complètement.

Vous avez obtenu 48 et plus ? You're really very good!

Focus Le futur simple

Choisissez la bonne formulation. (Plusieurs réponses peuvent être possibles.)

1. We _____ for the tickets by clicking the link on the website.
   (A) paying (B) will pay (C) will to pay

2. I'm sure that the new job _____ very satisfying.
   (A) will be (B) will to be (C) will is

Corrigé page 239

3. Barry promises that he _____ a diet next month.
   (A) starting (B) will to start (C) will start

4. Ask me a question and _____ it if I can.
   (A) I'm answering (B) I'll answer (C) I will answering

5. I'm sure that you _____ your trip to Cornwall.
   (A) will to enjoy (B) will enjoy (C) will be enjoying

Astuce Il existe un autre auxiliaire du futur, **shall**, mais en anglais courant, celui-ci est remplacé par **will**. Rappelons que **can** et **must** sont des verbes défectifs, c'est à dire qu'ils n'existent qu'à certains temps (voir Module 7). Leurs « faux » infinitifs, utilisés pour former le futur sont respectivement **to be able to** et **to have to**.

Poursuivons.

1. He _____ dance very well, but he promises that he _____.
   (A) will can't – try (B) will cannot – will try (C) can't – will try

2. You _____ park outside the house if you arrive early.
   (A) will be able to (B) will can (C) will can to

3. _____ to organise a party for Louise. It's her twenty-first birthday.
   (A) We will be happy (B) We'll be happy (C) We'll are happy

4. The hotel is full. You _____ find another solution.
   (A) will must (B) will have to (C) will to

5. The Queen _____ Parliament on the tenth of May. She _____ by carriage to Westminster.

- A is open – will drive
- B will open – driving
- C will open – will drive

Corrigé page 239

Focus Le futur : formes négative et interrogative

Choisissez la bonne formulation. (Plusieurs réponses peuvent être possibles.)

1. I'm afraid that we _____ to examine your request.
   - A will not having
   - B will not have time
   - C won't have time

2. It's our wedding anniversary tomorrow. _____ it with us?
   - A Will you celebrate
   - B Will celebrate you
   - C You'll celebrate

3. Where _____ this time next year? – I have no idea.
   - A will you be
   - B you will be
   - C you'll be

4. I hope that _____ us.
   - A they will not forget
   - B won't they forget
   - C they won't forget

5. How _____ if it's the right decision?
   - A will you know
   - B you will know
   - C you'll know

Astuce Avec la contraction, le « o » de **not** se déplace pour remplacer le « i » de **will** : **will not → won't**. Par ailleurs, dans une question commençant avec un adverbe interrogatif, **will** le suit immédiatement (**when will**, **who will**, etc.).

Voici une autre série :

1. We _____ if we don't try.
   - A won't succeed
   - B will not succeed
   - C willn't succeed

Corrigé page 239

2. _____ return to work full time after the operation?
   - A Will she can
   - B Will she be able to
   - C Will she can to

3. When _____ you again? – I'll email you.
   - A I will see
   - B I see will
   - C will I see

4. _____ sell your car to pay for your trip?
   - A Will you must
   - B Will you have to
   - C Will have you to

5 What _____ if I ask him to visit me?
   - A will Tom say
   - B Tom will say
   - C will say Tom

Focus Les « question tags » au futur simple / futur proche

Choisissez les bons « tags » pour compléter les phrases suivantes :

1. Terry won't be late _____? We've got a lot to do.
   - A won't he
   - B will he
   - C will not he

2. Louise and her boyfriend won't stay in Sidney, _____?
   - A won't she
   - B will she
   - C will they

3. They're not coming to the rally next week, _____?
   - A will they
   - B are they
   - C aren't they

4. She'll be disappointed if she doesn't win, _____?
   (A) does she (B) doesn't she (C) won't she

5. They won't be able to find a buyer for their house, _____?
   (A) will they (B) can they (C) can't they

6. You're not going to accept his offer, _____?
   (A) aren't you (B) are you (C) won't you

7. They won't have to wait too long, _____?
   (A) must they (B) mustn't they (C) will they

8. You will be bringing a bottle of wine to the party, _____?
   (A) will you (B) willn't you (C) won't you

9. The airlines won't cancel any flights because of the weather, _____?
   (A) won't they (B) will they (C) will not they

10. There'll be about fifty guests at the reception, _____?
   (A) won't they (B) won't there (C) won't he

Astuce Le mécanisme des « question tags » est identique à tous les temps. Il suffit de reprendre l'auxiliaire et d'appliquer la formule suivante : énoncé affirmatif = « tag » négatif ; énoncé négatif = « tag » affirmatif.

Focus Les prépositions de temps

Choisissez la bonne formulation.

1. Melanie taught French in Australia _____ six months.
   (A) for (B) during (C) ago

2. We were very busy _____ the summer, but now things are quiet.
   (A) for (B) while (C) during

3. Many countries remained neutral _____ the Cold War.
   (A) during (B) while (C) since

4. Your phone screen can be repaired _____ you wait.
   (A) during (B) while (C) for

5. Alex was manager of the football team _____ many years.
   (A) during (B) while (C) for

Astuce **For** répond à la question *Pendant combien de temps ?* alors que **during** répond à la réponse *Quand ?* **while** correspond à la notion de « pendant que » et ne doit pas être confondu avec **a while**, *quelque temps, un instant.*

Poursuivons.

1. We waited for Gordon and his wife _____ ages but they never came.
   (A) for (B) during (C) while

2. The best time to buy a new car _____ the year is October.
   (A) for (B) ago (C) during

3. What happened? – I cut myself _____ I was chopping onions.
   (A) during (B) while (C) for

4. Many students prefer to sleep _____ the day and work at night.
   (A) while (B) during (C) at

5. She worked at a bar _____ three weeks _____ the winter _____ she was on a gap year.
   (A) during – for – while
   (B) for – during – while
   (C) while – for – during

Corrigé page 239

Focus Actes de parole : *say*, *tell* (suite)

Choisissez la bonne formulation. (Plusieurs réponses peuvent être possibles.)

1. They _____ weren't interested in our offer. – I wonder why not?
   (A) said they (B) said that they (C) told they

2. I'm very surprised because they _____ they were interested in it.
   - A told me
   - B told to me
   - C told me that

3. Let's _____, for example, that I want to be an astronaut. Is it possible?
   - A tell me
   - B say me
   - C say

4. It's time to go. _____ goodbye to your friends.
   - A Tell to
   - B Say to
   - C Say

5. Can you _____ how to get to Carnegie Hall. – Yeah, you have to practise a lot.
   - A tell me
   - B tell to me
   - C say me

Astuce Jetez un coup d'œil à l'exercice similaire en Module 18 pour bien saisir la différence entre **to say** (acte de parole) et **to tell** (contenu de l'énoncé). Notez aussi que **that** peut être supprimé après **say** (mais ne peut jamais suivre **tell**).

Voici une autre série :

1. In Britain, what do you _____ to someone who sneezes? – We _____ "Atishoo".
   - A say – say
   - B tell – say
   - C say – tell

2. _____ something: is the new machine really smaller and less heavy than the old one?
   - A Say me
   - B Tell me
   - C Tell to me

3. What did you _____ him. – I _____ him that I wasn't happy with the price.
   - A say to – say to
   - B said – said
   - C say to – told

4. Stop _____ what to do. She's good at her job.
   - A saying to her
   - B telling her
   - C saying her

5. We've got something to _____. – What is it?
   - A tell you
   - B tell to you
   - C say to you

Focus Vocabulaire thématique : La santé

Choisissez la bonne traduction. (Plusieurs réponses peuvent être possibles.)

1. *la tension (artérielle)*
   (A) tension (B) blood pressure (C) blood stress

2. *une toux*
   (A) a cough (B) a coff (C) a cold

3. *une pharmacie*
   (A) a pharmacy (B) a chemist (C) a drugstore

4. *la grippe*
   (A) influenza (B) gripe (C) 'flu

5. *avoir de la fièvre*
   (A) to have a temperature
   (B) to have a fever
   (C) to have a beaver

Corrigé page 239

6. *un analgésique*
   (A) an analgesic (B) a painkiller (C) a depainer

7. *passer une radio*
   (A) to have a radio (B) to pass a radio (C) to have an X-ray

8. *faire un malaise*
   (A) to faint (B) to feel faint (C) to paint

9. *une angine*
   (A) a sore throat (B) an angel (C) angina

10. *un infirmier / une infirmière*
    (A) an infirmary (B) a nurse (C) a nanny

Module 24
VOCABULARY

Verbes

to bring	*apporter, amener*
to cancel	*annuler*
to chop	*couper, hacher*
to practise (GB) **to practice** (US)	*s'entraîner à, s'exercer à*
to say goodbye (to)	*dire au revoir (à)*
will be able to	futur de **can**
will have to	future de **must**

Adverbes, pronoms, etc.

about	*à peu près, environ*
ago (temps)	*il y a*
during	*pendant*
for (temps)	*depuis*
since	*depuis (que)*

Noms

chop	*côtelette*
onion	*oignon*
practice (GB et US)	*entraînement, pratique*

Adjectifs

disappointed	*déçu*
full	*complet, plein*

Module 24
CORRIGÉ

VOTRE SCORE :

Basics

PAGES 231-232 – Le futur simple

1 B | 2 A | 3 C | 4 B | 5 B

1 C | 2 A | 3 A et B | 4 B | 5 C

PAGES 232-233 – Le futur : formes négative et interrogative

1 B et C | 2 A | 3 A | 4 A et C | 5 A

1 A et B | 2 B | 3 C | 4 B | 5 A

PAGES 233-234 – Les « question tags » au futur simple / futur proche

1 B | 2 C | 3 B | 4 C | 5 A | 6 B | 7 C | 8 C | 9 B | 10 B

PAGES 234-235 – Les prépositions de temps

1 A | 2 C | 3 A | 4 B | 5 C

1 A | 2 C* | 3 B | 4 B | 5 B

* **For** signifie aussi *pour*, donc si vous avez choisi a), votre phrase signifie *pour l'année*.

PAGES 235-236 – Actes de parole : **say**, **tell** (suite)

1 A et B | 2 A et C | 3 C | 4 C | 5 A

1 A* | 2 B | 3 C | 4 B | 5 A et C

* **Atishoo!**, l'équivalent de *Atchoum !*, est la corruption de l'exclamation française *À tes souhaits !*

PAGE 237 – Vocabulaire thématique : La santé

1 B | 2 A* | 3 A, B et C** | 4 A et C*** | 5 A et B**** | 6 A et B | 7 C | 8 B | 9 A | 10 B*****

* **Cough** se prononce [coff] ; **a cold**, *un rhume*.

** **A pharmacy** (GB et US) se dit aussi **a chemist** (litt. « un chimiste ») en Grande-Bretagne mais aussi **a drugstore** (« magasin à drogues ») aux États-Unis.

*** **Influenza** (mot d'origine italienne) est le nom « technique » de la grippe, abrégé habituellement en **'flu**. **Gripe** est le terme non-technique de *la colique*.

**** Les deux expressions sont justes, selon le degré de fièvre !

***** Attention aux faux-amis : *une nurse* se dit **a nanny** en anglais (alors que **nurse** vient du français *nourrice* !).

La langue anglaise puise dans ses racines à la fois franco-latines et germaniques, créant en quelque sorte deux vocabulaires parallèles. Ainsi, les mots d'origine latines sont considérés « savants » alors que le vocabulaire saxon reste concret et descriptif. Ce phénomène est particulièrement en évidence dans le domaine médical : le praticien parle de **angina** et de **analgesic** alors que le patient, lui, ressent **a sore throat** (litt. « gorge douloureuse ») et réclame **a painkiller** (litt. « tue-douleur »).

0 - 15 À revoir ; **16 - 31** Moyen ; **32 - 49** Formidable ! ; **50 et plus** You're really very good!

Focus Le comparatif d'égalité

Choisissez la bonne formulation.

1. I believe that the hybrid model is _____ a regular car.
   - A as fast as
   - B so fast as
   - C as faster as

2. Our new house is _____ theirs – and it's just as nice.
   - A as half big that
   - B a half big as
   - C half as big as

3. The satnav that you gave me _____ I thought.
   - A isn't as reliable as
   - B isn't reliable like
   - C isn't as reliable so

Corrigé page 248

4. The program on my tablet doesn't work _____ the one on my laptop.
   - A as well as
   - B as good as
   - C so good as

5. Are the new high-speed trains _____ the old ones?
   - A so comfortable as
   - B as comfortable as
   - C comfortabler as

Astuce En principe, il faut dire **as...as** à l'affirmatif mais **so...as** à la forme négative (**not so big as**). En pratique, **as...as** est employé dans les deux cas (quoi qu'il en soit, **so** ne peut jamais être employé dans une construction affirmative). De plus, en présence d'un multiplicateur (**three times**, **half as**, etc.), le comparatif d'égalité est employé à la place du comparatif de supériorité, contrairement au français (**three times as much as**, *trois fois plus que*).

Voici une autre série :

1. The Queen Hotel is nice, but it's _____ the Elite.
   - A not as convenient as
   - B not as convenient like
   - C not convenient as

2. Jonah is _____ lark with his new bike.
   - (A) so happy as
   - (B) happy like a
   - (C) as happy as

3. Only nine o'clock. It's not nearly _____ I thought.
   - (A) later than
   - (B) as late than
   - (C) as late as

4. Please call your office back _____ possible.
   - (A) quickly as
   - (B) as quickly as
   - (C) quickly like

5. Patricia is earning three times _____ her colleagues.
   - (A) as much money than
   - (B) as much money that
   - (C) as much money as

Corrigé page 248

Focus Le comparatif (suite)

Choisissez la bonne formulation.

1. Compared with last year, _____ people are studying science at university.
   - (A) fewer
   - (B) few
   - (C) lesser

2. This browser apparently uses _____ memory than the old one.
   - (A) few
   - (B) fewer
   - (C) less

3. I will change suppliers if I can find one that costs _____.
   - (A) less
   - (B) few
   - (C) lesser

4. The country has _____ than twenty million internet users.
   - (A) lesser
   - (B) fewer
   - (C) few

5. Moving house will be simple because we have _____ furniture this time.
   - (A) much less
   - (B) much fewer
   - (C) many fewer

Astuce Avec le comparatif d'infériorité, comme avec celui de supériorité, on fait une distinction entre les noms indénombrables (**less**) et dénombrables / pluriels (**fewer**). Cependant, beaucoup d'anglophones emploient **less** dans les deux cas de figure. Tâchez de ne pas les imiter !

Module 25
BASICS

Poursuivons.

1. The weather is _____ the same as it was yesterday.
   - A more or lesser
   - B more or less
   - C less and less

2. You should eat _____ fat and _____ calories if you want to stay healthy.
   - A few – fewer
   - B fewer – less
   - C less – fewer

3. _____ young women want to become teachers or nurses.
   - A Less and less
   - B Fewer and fewer
   - C Few and fewer

4. The new prospectus has _____ pages and _____ detail than the old one.
   - A fewer – less
   - B less – lesser
   - C fewer – lesser

5. Our children are spending _____ time at home.
   - A lesser and lesser
   - B less and less
   - C fewer and fewer

Focus Le premier conditionnel

Choisissez la bonne formulation.

1. If I _____ a cheap fridge, I _____ it right away.
   - A will find – buy
   - B find – will buy
   - C will find – will buy

2. She _____ a good job if she _____ her final exams.
   - A won't get – doesn't pass
   - B will not get – will not pass
   - C does not get – will not pass

Corrigé page 248

3. _____ to the movies _____ for you?
   - A Do you come – if I will pay
   - B Will you come – if I will pay
   - C Will you come – if I pay

4. _____ the letter before noon, it _____ the next day.
   - A If you will post – will arrive
   - B If you post – will arrive
   - C If you will post – arrives

5. The car _____ petrol only _____ the engine _____.
   - **A** uses – if – is running
   - **B** will use – than – runs
   - **C** uses – where – is running

Astuce Le premier conditionnel suit la même structure qu'en français (**if** + présent + futur). Selon le contexte, le **will** du futur peut exprimer la volonté : **Will you lend me your car?**, *Veux-tu me prêter ta voiture ?*

Continuons.

Corrigé page 248

1. _____ you a car _____ your licence with you.
   - **A** They don't rent – if you won't have
   - **B** They don't not rent – if you don't not have
   - **C** They won't rent – if you don't have

2. My favourite saying is "_____ try, _____".
   - **A** If you don't you'll never succeed
   - **B** If you don't – you'll not ever succeed
   - **C** If you don't – you never will succeed

3. _____ the machine _____ a battery?
   - **A** Will – work if we don't have
   - **B** Does – work if we won't have
   - **C** Does – will work if we don't have

4. _____ snowing, _____ public transport rather than my motorbike.
   - **A** If it starts – I'll take
   - **B** If it will start – I take
   - **C** If it start – I will take

5. _____ the cruise, _____ your money back.
   - **A** If you don't enjoy – we give
   - **B** If you don't enjoy – we'll give
   - **C** If you won't enjoy – we give

Focus Le vocabulaire américain et le vocabulaire britannique (suite)

Choisissez le mot britannique qui correspond à son équivalent américain.

1. petrol *(l'essence)*
   A oil B gasoline C fuel

2. a zebra crossing *(un passage piétons)*
   A a zebra passage B a black-and-white C a crosswalk

3. a boot *(un coffre)*
   A a shoe B a bonnet C a trunk

4. a windshield *(un pare-brise)*
   A a wind cover B a windscreen C a windmill

5. a flyover *(un autopont)*
   A an overfly B an overpass C an underpass

6. a motorway *(une autoroute)*
   A a superway B a highway C a route

7. a lorry *(un camion)*
   A a truck B a transporter C a wagon

8. a wing *(une aile)*
   A a tail B a fender C a blender

9. a caravan
   A a tow B a trailer C a trail

10. a car park *(un parking)*
   A a parking lot B a car lot C a parking space

Focus Infinitif ou gérondif ?

Choisissez la bonne formulation pour le deuxième verbe entre parenthèses. (Plusieurs réponses peuvent être possibles).

1. Jean-Luc started (learn) English when he was ten. Now he speaks it fluently.
   A to learn B learning C learn

Corrigé page 248

2. I don't like (drive) automatic cars.
   - (A) driving
   - (B) drive
   - (C) to drive

3. My manager suggested (change) the date of the next review.
   - (A) change
   - (B) to change
   - (C) changing

4. He says that he prefers (play) video games rather than (make) movies.
   - (A) playing – to make
   - (B) to play – to make
   - (C) playing – making

5. They decided (rent) an SUV for their summer holiday.
   - (A) to rent
   - (B) renting
   - (C) to be renting

Astuce Dans les combinaisons que nous venons de voir, la plupart des premiers verbes peuvent être suivis soit d'un infinitif soit d'un gérondif sans modification significative de sens. Dans les deux dernières phrases (4 et 5 de l'exercice suivant), il y a tout de même une nuance importante entre les deux formes. Voir le corrigé, ainsi que le Module 16.

Continuons.

1. In northern Scotland, it starts (get dark) at three o'clock in the winter.
   - (A) to get dark
   - (B) getting dark
   - (C) dark

2. She promised (send) me some pictures of her daughter's graduation.
   - (A) to send
   - (B) sending
   - (C) sent

3. You can continue (use) the program if you have bought a licence.
   - (A) using
   - (B) use
   - (C) to use

4. She stopped (buy) teabags.
   - (A) buying
   - (B) to buy
   - (C) bought

5. I remembered (go shopping) for clothes.
   - (A) going shopping
   - (B) to go shopping
   - (C) go shopping

Focus Vocabulaire thématique : L'automobile

Choisissez la bonne traduction. (Plusieurs réponses sont parfois possibles.)

1. *une berline*
   - (A) a saloon
   - (B) a berlin
   - (C) a sedan

2. *freiner*
   - A to break
   - B to brake
   - C to bake

3. *un clignotant*
   - A a winker
   - B an indicator
   - C a flashlight

4. *doubler (un autre véhicule)*
   - A to double up
   - B to undertake
   - C to overtake

5. *un rétroviseur*
   - A a wing mirror
   - B a looking glass
   - C a back looker

6. *un coffre*
   - A a safe
   - B a boot
   - C a trunk

7. *les feux de détresse*
   - A warnings
   - B hazard lights
   - C sidelights

8. *un pneu*
   - A a tire
   - B a pneumatic
   - C a tyre

9. *l'allumage*
   - A the lighting
   - B the ignition
   - C the lighter

10. *une galerie*
   - A a gallery
   - B a roof-rack
   - C an arcade

Verbes

to get dark	*faire nuit* (litt. « devenir sombre »)
to run (moteur)	*être en marche*
to supply	*fournir*

Adverbes, pronoms, etc.

fewer	*moins de* (avec un nom dénombrable)
less	*moins de* (avec un nom indénombrable)
more or less	*plus ou moins*

Noms

engine **motor**	*moteur* **À noter :** À la base, la différence réside dans le fait qu'un **engine** est alimenté par du carburant et **a motor** par de l'électricité mais il y a beaucoup d'exceptions à cette règle – notamment le terme **motor car**, *une voiture…*
fat	*gras*
lark	*alouette*
satnav (**satellite navigation**)	*(système) GPS*
supplier	*fournisseur*

Différences entre l'anglais britannique et l'anglais américain

GB	US	
boot	**trunk**	*coffre*
car park	**parking lot**	*parking*
estate car	**station wagon**	*break*
flyover	**overpass**	*autopont*
lorry	**truck**	*camion*
motorway	**highway**, **freeway**	*autoroute*
windscreen	**windshield**	*pare-brise*
wing	**fender**	*aile*
zebra crossing	**crosswalk**	*passage piéton*

Adjectifs

convenient	*commode, bien situé*
healthy	*sain, en bonne santé* (voir Module 13)

Module 25
CORRIGÉ

VOTRE SCORE :

Basics

PAGES 240-241 – Le comparatif d'égalité

1 A | 2 C | 3 A | 4 A | 5 B

1 A | 2 C | 3 C | 4 B | 5 C

PAGES 241-242 – Le comparatif (suite)

1 A | 2 C | 3 A | 4 B | 5 A

1 B | 2 C | 3 B | 4 A | 5 B

PAGES 242-243 – Le premier conditionnel

1 B | 2 A | 3 C | 4 B | 5 A

1 C | 2 A | 3 A | 4 A | 5 B

PAGE 244 – Le vocabulaire américain et le vocabulaire britannique (suite)

1 B* | 2 C** | 3 C | 4 B | 5 B | 6 B*** | 7 A | 8 B**** | 9 B | 10 A

* Abrégé le plus souvent en **gas**, qui signifie *le gaz* en anglais britannique. **Fuel** est un mot générique pour *le carburant*, alors que *le fioul* se dit **diesel oil** (locomotion) ou **heating oil** (chauffage).

** **A black-and-white** est le terme familier américain pour *une voiture de police*, à cause des couleurs de la plupart de ces véhicules.

*** Le terme peut varier selon les États – par exemple, on dit **a freeway** en Californie.

**** Même terme que pour un oiseau ou un avion.

PAGES 244-245 – Infinitif ou gérondif ?

1 A et B | 2 A et C | 3 C | 4 B et C | 5 A

1 A et B | 2 A | 3 A et C | 4* A et B | 5* A et B

* Avec ces deux verbes le sens est différent : (4) **She stopped buying teabags**, *Elle a arrêté d'acheter les sachets de thé*, mais **She stopped to buy teabags**, *Elle s'est arrêtée pour acheter des sachets de thé* ; (5) **I remembered going shopping**, *Je me suis souvenu d'avoir fait des courses,* mais **I remembered to go shopping**, *Je me suis souvenu qu'il fallait faire les courses.* Bien entendu, ce sont deux exemples exagérés, afin d'illustrer les différents mécanismes.

PAGES 245-246 – Vocabulaire thématique : L'automobile

1 A et C* | 2 B** | 3 B*** | 4 C | 5 A | 6 B et C**** | 7 B | 8 A et C***** | 9 B | 10 B

* **a saloon** (GB), **a sedan** (US) ; ce dernier mot est dérivé de la ville française de Sedan.

** **To brake**, *freiner*, et **to break**, *casser*, sont des homophones : [bréék].

*** **a flashlight** (US), **a torch** (GB), *une lampe de poche*

**** **a boot** (GB), **a trunk** (US), *un coffre de voiture* ; **a safe**, *un coffre-fort*

***** **a tire** (GB), **a tyre** (US)

0 - 15 À revoir ; **16 - 31** Moyen ; **32 - 49** Formidable ! ; **50 et plus** You're really very good!

Focus Le deuxième conditionnel : affirmatif

Choisissez la bonne formulation. (Plusieurs réponses peuvent être possibles.)

Corrigé page 258

1. Ethan _____ his brother in Australia if _____ the money.
   - A visit – he would have
   - B would visit – he had
   - C would visit – he would have

2. If I _____ the lottery, I _____ working and take a long holiday.
   - A won – would stop
   - B would won – would stop
   - C would win – stop

3. _____ you to come to dinner next week if _____.
   - A We'd like – you'll be free
   - B We like – you're free
   - C We'd like – you're free

4. If _____ less, _____ lose weight faster. – I know, but I'm always hungry.
   - A you've eaten – you have
   - B you'd eat – you'd have
   - C you ate – you'd

5. If _____ you, I _____ to the country. London is so polluted.
   - A I were – would move
   - B I would be – move
   - C I was – would move

Astuce Dans une phrase conditionnelle avec deux propositions, le verbe qui suit **if** dans la subordonnée ne prend jamais **would** (sauf dans des tournures de politesse). Par ailleurs, il est possible – mais pas obligatoire – d'employer **were** (au lieu de **was**) dans de telles constructions (voir phrase n° 5 ci-dessus), surtout dans l'expression **If I were you** (*Si j'étais vous*). Il s'agit, dans ce cas, du registre soutenu.

Module 26
BASICS

Choisissez entre le premier ou le deuxième conditionnel pour compléter les phrases suivantes. (Plusieurs réponses peuvent être possibles.)

1. If the client _____, tell him that _____ on the phone. – Yes, sir.
   - A would – I was
   - B calls – I am
   - C called – would be

2. He says that _____ the grass next week _____ some spare time.
   - A he will cut – if he had
   - B he would cut – if he would have
   - C he will cut – if he has

3. If pigs _____ wings, they _____. And there _____ be traffic jams in the sky.
   - A had – would fly– would
   - B have – will fly – will
   - C have – would fly– would

4. _____ for a long walk _____ sunny tomorrow. – That's a good idea.
   - A We'd go – if it's
   - B We'll go – if it's
   - C We'll go – if it were be

5. _____ a season ticket _____ so expensive.
   - A I bought – if it wouldn't be
   - B I'd buy – if it wasn't
   - C I'd buy – if it weren't

6. _____ after lunch, _____ plenty of time.
   - A If you'd lead – you'll have
   - B If you left – you have
   - C If you leave – you'll have

Focus Le deuxième conditionnel : formes négative et interrogative

Choisissez la bonne formulation. (Plusieurs réponses peuvent être possibles.)

1. What _____ if a customer _____ about your product?
   - A would you do – complained
   - B would you do – would complain
   - C do you do – would complain

2. I'm sure that _____ long hours if _____ it.
   - **A** he didn't work – he wouldn't enjoy
   - **B** he won't work – he wouldn't enjoy
   - **C** he wouldn't work – he didn't enjoy

Corrigé page 258

3. I _____ any risks if I _____. The mountain roads are very dangerous.
   - **A** wouldn't take – was you
   - **B** wouldn't take – were you
   - **C** were take – wouldn't you

4. If _____ on a desert island, who _____ meet?
   - **A** you'd be – you like to
   - **B** you would be – would you like to
   - **C** you were – would you like to

5. Where _____ if _____ anywhere in America?
   - **A** would you go – you could travel
   - **B** could you go – you would travel
   - **C** would you go – you travelled

Astuce Rappelons que la contraction **'d** peut, selon le contexte, représenter **had** ou **would**. Évidemment, c'est le deuxième cas de figure qui se présente dans une construction conditionnelle de ce type.

Poursuivons.

1. If _____ a son, what _____ him? – Alexander the Great!
   - **A** you'd have – would you call
   - **B** you had – would you call
   - **C** you would have – you would

2. How old _____ Winston Churchill _____ if he _____ still alive? – Very old.
   - (A) would – be – was
   - (B) was – would be – was
   - (C) were – was – would be

3. I'm sure _____ if I _____ to their barbecue.
   - (A) they wouldn't notice – didn't go
   - (B) they didn't notice – wouldn't go
   - (C) they wouldn't notice – wouldn't go

Corrigé page 258

4. What _____ if you _____ the president for a day?
   - (A) would you do – were
   - (B) you would do – was
   - (C) would you do – would be

5. I _____ if I _____ an invitation to the ceremony.
   - (A) didn't be angry – didn't receive
   - (B) wouldn't be angry – didn't receive
   - (C) didn't was angry – wouldn't receive

Focus Les quantificateurs (suite)

Choisissez la bonne formulation. (Plusieurs réponses peuvent être possibles.)

1. Jerry and I _____ bought a ticket at the ticket office.
   (A) every (B) each (C) all

2. Today, I waited for your call _____ morning. What happened?
   (A) every (B) all (C) each

3. _____ time we try to meet, something goes wrong.
   (A) Every (B) Each (C) All

4. Five lucky winners _____ received a gift certificate in the competition.
   - (A) both
   - (B) each
   - (C) every

5. _____ Daniel and I live in the same street, but we rarely meet.
   - (A) Each
   - (B) Both
   - (C) Every

Astuce Contrairement à **every**, **each** peut se placer juste devant un verbe, mais l'un et l'autre peuvent précéder un nom (voir phrase 3). **Both** ne peut être employé qu'avec deux éléments. Enfin, l'expression **each and every** signifie *chaque (ou chacun) sans exception*.

Voici une autre série :

1. The exam has five questions and _____ of them has more than one answer.
   - (A) all
   - (B) every
   - (C) each

2. They see each other regularly, usually _____ three days.
   - (A) all
   - (B) each
   - (C) every

3. You know he's a cook because he has scars on _____ of his hands.
   - (A) each
   - (B) every
   - (C) all

4. A lot of progress has been made in almost _____ field of medicine.
   - (A) every
   - (B) all
   - (C) both

5. The security guards checked _____ vehicle as it entered the car park.
   - (A) each and each
   - (B) every and each
   - (C) each and every

Focus Les verbes défectifs (suite)

Choisissez la bonne formulation. (Plusieurs réponses peuvent être possibles.)

1. They _____ leave tomorrow because they haven't got their visas.
   - (A) may
   - (B) mayn't
   - (C) may not

2. _____ you tell us where we _____ find a good shoe shop?
   - (A) Can – can
   - (B) May – can
   - (C) May – may

3. The law _____ change but I doubt it very much.
   - (A) might
   - (B) may
   - (C) must

Corrigé page 258

4. I _____ find my keys. They _____ be here somewhere.
   - A must – can
   - B can't – mustn't
   - C can't – must

5. You _____ access the contents of the archive, but only for your personal use.
   - A can
   - B may
   - C must

6. Guests _____ leave their rooms and check out of the hotel before eleven o'clock.
   - A might
   - B must
   - C can

7. _____ we have your attention, please? The captain has turned on the "seat belt" sign.
   - A May
   - B Must
   - C Can

8. You _____ forget to send Sheila a card for her birthday. It's next week.
   - A mustn't
   - B can't
   - C might not

9. What level of English _____ have to study at the technical college?
   - A can I
   - B might I
   - C must I

10. This software program ____ work with your computer: I'm not really sure.
    - A may
    - B might
    - C must

Astuce **May** et **might** expriment tous les deux une possibilité, mais la seconde est moins probable que la première. En pratique, les deux sont souvent interchangeables. Dans un registre soutenu, **might** (prononcé [maït]) peut remplacer **may** et **can** lorsqu'on demande la permission (voir Module 12).

Focus Le futur et le passé des verbes défectifs (suite)

Choisissez la bonne formulation.

1. When _____ to start work? We're in a hurry.
   - A will you can
   - B will you be able
   - C will you are able to

2. I don't know the answer. You _____ ask someone else.
   - A will have to
   - B will must
   - C will must to

3. On election day, there were so many people that _____ for ages to vote.
   (A) I must waited (B) I had to must wait (C) I had to wait

4. It's so nice to see you. I'm glad that _____ come.
   (A) you were able to (B) you were can to (C) you were able

5. _____ really _____ now? It's so early. – I'm afraid so.
   (A) Do you – must leave (B) Have you – leave (C) Must you – leave

Poursuivons.

1. My regional manager is coming next week. _____ dinner with him...
   (A) We'll must have (B) We'll have to have (C) We'll have to must

2. ...but we'll take him to a restaurant so that _____ cook.
   (A) you won't have to (B) you won't have (C) you must to

3. Unfortunately, _____ come back until Tuesday. We're really busy.
   (A) we won't must (B) we won't be able to (C) we will not can

4. _____ join us at the rally tomorrow evening? It starts at ten.
   (A) Will you can (B) Can you will (C) Will you be able to

5. I've ordered three books. How long _____ for delivery?
   (A) will I have to wait (B) will I must wait (C) will I can wait

Astuce Dans certains cas, **can** et **must** peuvent être utilisés dans le sens d'un futur (par exemple, en phrase 5, il est possible de dire **how long must I wait**). Dans le doute, optez toujours pour les formes complètes (**will be able to / will have to**).

Focus Vocabulaire thématique : La ville

Choisissez la bonne traduction. (Plusieurs réponses sont parfois possibles.)

1. *l'encombrement, les embouteillages*
   (A) stroke (B) congestion (C) car jam

2. *le logement*
   (A) accommodation (B) lodgings (C) lodge

Corrigé page 258

3. *un arrondissement*
   - A a round
   - B an area
   - C a district

4. *le centre-ville*
   - A the town centre
   - B the city centre
   - C downtown

5. *un gratte-ciel*
   - A a skyscraper
   - B a sky rise
   - C a shack

6. *la mairie*
   - A the city hall
   - B the mare's office
   - C the mayor's office

7. *la périphérie*
   - A the periphery
   - B the surrounds
   - C the outskirts

8. *une place*
   - A a square
   - B a circle
   - C a place

9. *un bourg*
   - A a market town
   - B a burger
   - C a suburb

10. *une cité*
   - A a city
   - B an estate
   - C a domain

Verbes

to compete	*concourir, être en concurrence*
to go wrong	*mal tourner, mal se passer*
to notice	*remarquer, faire attention à*
to take someone to	*amener, accompagner quelqu'un à*

may / might	auxiliaires de modalité
will be able to	futur de **can**
will have to	future de **must**
would	auxiliaire du conditionnel

Noms

belt **seat belt / seatbelt** **safety belt**	*ceinture* *ceinture de sécurité* (avion) *ceinture de sécurité* (voiture)
field	*champ, domaine*
gift	*cadeau*
grass	*herbe*
pig	*cochon*
use	*utilisation* **À noter :** Contrairement au verbe, le « s » est sifflant : [iouss] au lieu de [iouz].
wing	*aile* (animal, bâtiment – voir aussi Module 25)

Adjectifs

alive	*vivant*
lucky	*chanceux*
spare	*de réserve, de rechange*

Module 26
CORRIGÉ

VOTRE SCORE :

Basics

PAGES 249-250 – Le deuxième conditionnel : affirmatif

1 B 2 A 3 C 4 C 5 A et C

1 B 2 C 3 A 4 B 5 B et C 6 C

PAGES 250-252 – Le deuxième conditionnel : formes négative et interrogative

1 A 2 C 3 A et B 4 C 5 A

1 B 2 A 3 A 4 A 5 B

PAGES 252-253 – Les quantificateurs (suite)

1 B 2 B 3 A et B 4 B 5 B

1 C 2 C 3 A 4 A 5 C

PAGES 253-254 – Les verbes défectifs (suite)

1 C 2 A 3* A et B 4 C 5** A et B 6 B 7 A et C 8 A 9 C 10* A et B

* Le niveau de probabilité n'est pas certain, donc **may** ou **might** seraient corrects dans ces deux phrases ; toutefois, il semble moins élevé en phrase 3.

** **Can** = la possibilité ; **may** = la permission. En pratique les deux sont corrects.

PAGES 254-255 – Le futur et le passé des verbes défectifs (suite)

1 B 2 A 3 C 4 A 5 C

1 B 2 A 3 B 4 C 5 A

PAGES 255-256 – Vocabulaire thématique : La ville

1 B* 2 A** 3 C*** 4 A, B et C**** 5 A 6 A et C 7 C 8 A 9 A 10 B*****

* Faux-ami : **congestion** signifie non pas un afflux de sang dans le cerveau mais l'encombrement véhiculaire à l'intérieur d'une agglomération. La municipalité de Londres perçoit une **congestion charge**, ou *péage urbain*, pour les voitures particulières.

** En anglais américain, **accommodation** peut se mettre au pluriel.

*** **District** est le terme générique le plus proche du mot français *arrondissement* mais n'en est pas l'équivalent exact car les systèmes de découpage urbain anglo-saxons sont différents de ceux de la France. Une autre traduction possible est **neighbourhood** (GB) / **neighborhood** (US).

**** Rappelons que **a town** est plus petit que **a city**, mais le mot américain **downtown** s'applique au deux types d'agglomération.

***** L'équivalent américain du terme britannique **an estate** (ou **housing estate**) est **a (housing) project**.

Vous avez obtenu entre 0 et 15 ? Reprenez chaque question en regardant les endroits où vous avez fait des erreurs.

Vous avez obtenu entre 16 et 31 ? C'est très moyen, mais ne vous découragez pas.

Vous avez obtenu entre 32 et 49 ? Formidable ! Analysez les erreurs et, si besoin, révisez la ou les notions que vous ne maîtrisez pas complètement.

Vous avez obtenu 50 et plus ? You're really very good!

Focus Le *present perfect* (simple) : affirmatif

Choisissez la bonne formulation.

1. We _____ that movie ten times already. Let's choose another one.
   - **A** have seen
   - **B** saw
   - **C** have saw

2. Ian _____ economics for a long time, so this is his chance.
   - **A** wanted to have learned
   - **B** has wanted learning
   - **C** has wanted to learn

Corrigé page 269

3. This is the first time that _____ traditional English food, and she likes it.
   - **A** she tries
   - **B** she has tried
   - **C** she tried

4. Mack _____ in America all his life but he still _____ a British accent.
   - **A** has lived – has
   - **B** lived – has had
   - **C** has lived – has had

5. I _____ in a library before but _____ to try.
   - **A** never worked – I always wanted
   - **B** have never worked – I've always wanted
   - **C** never have worked – I've wanted always

6. The Nasdaq index _____ by three hundred points and it _____ falling.
   - **A** fell – was still
   - **B** has fallen – is still
   - **C** fell – has still been

7. That's the hundredth time _____ that tune, and I hate it!
   - **A** I have heard
   - **B** I am hearing
   - **C** I heard

8. _____ to Australia and New Zealand but _____ to South Africa.
   - **A** I've gone – I've never gone
   - **B** I've been – I've never been
   - **C** I am gone – I've never gone

9. Her resumé is excellent. _____ lots of experience in banking and insurance.
   - **A** She has had
   - **B** She had
   - **C** She is had

10. I _____ the novel three times and _____ the movie twice, because I love the story.

(A) have red – seen (B) have read – seen (C) have read – saw

Astuce Le *present perfect* (le terme anglais est employé à dessein car il n'y a pas de temps équivalent en français) relie une action passée avec le moment présent. Il est toujours utilisé avec une indication imprécise (**for a long time**, **always**, **recently**) mais jamais pour une action révolue que l'on peut situer à un moment précis dans le passé (**yesterday**, **last week**, etc.).

Focus Le *present perfect* : formes interrogative et négative

Choisissez la bonne formulation.

1. _____ of an island called Foy? – Yes, it's part of Scotland.
   (A) Did you hear (B) Have you heard (C) You have heard

2. _____ to the dentist for at least two years. – Why not?
   (A) I haven't been (B) I didn't go (C) I haven't go

3. What _____ with my calculator? – It's on your desk.
   (A) you have done (B) did you have done (C) have you done

4. I _____ Megan for a long time, but I _____ she has changed very much.
   (A) haven't seen – don't think
   (B) haven't seen – haven't thought
   (C) did not see – have not thought

Corrigé page 269

5. Look at their house! Why _____ it green?
   (A) did they have painted
   (B) they have painted
   (C) have they painted

Astuce L'emploi de **to be** au *present perfect* est parfois déroutant car il peut remplacer **to go**. Ainsi, **Have you been to** est l'équivalent de *Êtes-vous allé(s) à*. (Pensez au mauvais français « Avez-vous été à ».)

Poursuivons.

1. I _____ to look at your work yet. _____ very busy.
   - A haven't time – I was
   - B haven't had time – I've been
   - C didn't have time – I was been

2. I left him a message on his voicemail, so why _____ me back?
   - A he hasn't called
   - B he didn't call done
   - C hasn't he called

3. There's nobody here. Where _____ all the people _____?
   - A have – done
   - B have – gone
   - C did – gone

4. _____ in Death Valley for the past two years.
   - A It hasn't rained
   - B It isn't rained
   - C It didn't rain

5. We _____ them to help and they _____!
   - A didn't ask – haven't offered
   - B haven't asked – didn't offered
   - C haven't asked – haven't offered

Corrigé page 269

Focus Le *present perfect* vs le prétérit

Choisissez la bonne forme des verbes.

1. Why _____ Dick _____ absent for so long? – He _____ an accident three weeks ago.
   - A has – been – had
   - B has – gone – had
   - C has – been – has had

2. I _____ Lola since Friday night. – Really? I _____ her last week.
   - A haven't seen – saw
   - B didn't see – have seen
   - C haven't seen – have seen

3. The Bank of England _____ in 1694 and _____ in 1998.

Corrigé page 269

A has been founded – has become

B was founded – became independent

C was founded – has become independent

4. _____ the crossword yet? No, I _____ time.

A Did you do – didn't have

B Have you done – don't have

C Have you done – haven't had

5. Let's go, _____. – I _____ my breakfast yet.

A we have been late – haven't finished

B we're late – haven't finished

C we have been late – haven't finished

Astuce L'élément déterminant pour distinguer le *present perfect* du passé simple est la précision dans le temps. Les adverbes comme **ago**, ainsi que les dates précises (années, mois...), sont autant d'indicateurs du passé, qui ne sont pas employés avec le *present perfect*.

Poursuivons.

1. They _____ on holiday last summer and _____ to each other at least fifty times since then.

A have met – wrote

B have met – have written

C met – have written

2. _____ George yet? – No, but he _____ me, either.

A Did you contact – didn't contact

B Have you contacted – didn't contract

C Have you contacted – hasn't contacted

3. We _____ him about the opportunity a long time ago, but he _____ anything.
   - A have told – hasn't done
   - B told – hasn't done
   - C have told – did not do

4. _____ ever _____ to Ireland? – Yes, we _____ last March.
   - A Did you – go – have been
   - B Have you – been – went
   - C Did you – go – went

5. She _____ Chinese when she was at high school but she _____ it for her work.
   - A has learned – has never used
   - B learned – has never used
   - C has learned –didn't never use

Focus Les adverbes avec le *present perfect*

Placez correctement dans la phrase les adverbes suivants. (Plusieurs réponses peuvent être possibles.)

Corrigé page 269

1. always
   - A Have you wanted to be a lawyer always?
   - B Have you always wanted to be a lawyer?
   - C Have always you wanted to be a lawyer?

2. often
   - A We have often wanted to set up our own company.
   - B We have wanted often to set up our own company.
   - C We have wanted to often set up our own company.

3. ever
   - A Have ever you asked for advice about careers?
   - B Have you asked ever for advice about careers?
   - C Have you ever asked for advice about careers?

Corrigé page 269

4. before

A I don't think that she has been to our house before.

B I don't think that before she has been to our house.

C I don't think before that she has been to our house.

5. already

A I've already started the series but I've only watched three episodes.

B I've started the series already but I've only watched three episodes.

C I've started already the series but I've only watched three episodes.

Astuce En règle générale, les adverbes se placent devant le participe passé dans une phrase construite avec le *present perfect*, à l'exception de **before**, qui se place en fin de phrase, et **already**, qui, outre la position habituelle, peut venir après le complément.

Focus L'élimination du pronom relatif

Nous avons construit plusieurs phrases à l'aide des éléments donnés en intitulé. Laquelle est correcte ? (Plusieurs réponses peuvent être possibles.)

1. messages / to arrive

A The messages arrived this morning are on your desk.

B The messages that arrived this morning are on your desk.

C The messages arrived this morning that are on your desk.

2. man / to speak to

A The man I was speaking earlier to is a police officer.

B The man who I was speaking to earlier is a police officer.

C The man what I was speaking to earlier is a police officer.

3. method / to follow

A This is the method which we have chosen to follow.

B This is the method chosen to follow.

C This is the method we have chosen to follow.

4. woman / to apply
   - **A** The woman who has applied for the job is an insurance clerk.
   - **B** The woman has applied for the job is an insurance clerk.
   - **C** The woman that has applied for the job is an insurance clerk.

5. you / to be busy
   - **A** I know you are very busy, but is why I want to talk to you.
   - **B** I know you are very busy, but that is why I want to talk to you.
   - **C** I know that you are very busy, but is why I want to talk to you.

Astuce Le pronom relatif (**that**, **who**, **which**) peut être omis s'il est complément de la phrase (ou d'une proposition restrictive), surtout dans un registre peu soutenu. Par exemple, les formulations **the woman who / that I love** et **the woman I love** sont toutes les deux correctes. En revanche, on ne peut omettre ce pronom dans une proposition déterminative. Ainsi, **who/that** ne peut pas être supprimé de l'énoncé **the woman who / that loves me**. (Voir aussi Module 11 à propos de **whom**.)

Focus Les verbes à particule (suite)

Choisissez la bonne formulation.

1. I don't know how to _____ my new network.
   - **A** set up **B** set to **C** set in

2. A team of explorers has _____ on a journey to the Antarctic.
   - **A** set on **B** set off **C** set back

3. You have already _____ your appointment three times this week.
   - **A** put through **B** put off **C** put into

4. Please _____ your oxygen mask before helping others.
   - **A** put on **B** put out **C** put back

5. Children, please _____ your toys before lunch.
   - **A** put through **B** put on **C** put away

Module 27
BASICS

Astuce Bien que la logique des verbes à particules ne soit pas toujours évidente, on peut en déduire le sens dans de nombreux cas grâce à la préposition utilisée. Ainsi **away** indique un mouvement d'éloignement, **in** un mouvement vers l'intérieur, **off** une séparation ou disparition, **by** la notion de proximité, etc. Par conséquent, nous vous recommandons d'apprendre ces verbes par petits groupes, à partir du mot « racine » (**go**, **take**,etc.).

1. Do you want to eat your meal here in the restaurant or to _____ it ____?
   (A) take – down (B) take – away (C) take – up

2. Our firm is planning to _____ a smaller company.
   (A) take over (B) take in (C) take away

3. Please stow your tray tables when the plane lands and _____.
   (A) takes out (B) takes off (C) takes up

4. We _____ our Christmas decorations on the sixth of January.
   (A) take out (B) take through (C) take down

5. We're really _____ seeing you in Houston.
   (A) looking forward to (B) looking up to (C) looking back to

Focus Vocabulaire thématique : Les carrières et professions

Choisissez la bonne traduction. (Plusieurs réponses sont parfois possibles.)

1. *un travail*
   (A) a work (B) a job (C) an occupation

2. *une sage-femme*
   (A) a wise woman (B) a wise wife (C) a midwife

3. *un chauffeur*
   (A) a driver (B) a heater (C) a chauffeur

4. *un éboueur*
   (A) a dustman (B) a refuse collector (C) a garbage collector

5. *un informaticien*
   (A) a computer specialist
   (B) a computer engineer
   (C) an IT specialist

Corrigé page 269

6. *un maître-nageur*
   (A) a master swimmer (B) a lifeguard (C) a swimming master

7. *un serveur*
   (A) a waiter (B) a waitress (C) a wait person

8. *un avocat*
   (A) an advocate (B) a lawyer (C) an attorney

9. *un mineur*
   (A) a minor (B) a miner (C) a myna

10. *un marin*
   (A) a marine (B) a sailor (C) a seaman

Module 27
VOCABULARY

Verbes

to look forward to	*attendre avec impatience*
to put away	*ranger*
to put off	*remettre, reporter*
to put on	*mettre* (vêtement, etc.)
to set off	*se mettre en route, partir*
to set up	*créer, fonder*
to take away	*emporter*
to take down	*descendre, démonter*
to take over	*prendre la relève, acquérir* (entreprise)

Noms

chance	*occasion*
clerk	*employé de bureau*
high school	*lycée* (US) **À noter :** Certaines écoles anglaises utilisent ce terme plutôt que **secondary school**.
take-away / takeaway	*plat à emporter*
take-off / takeoff	*décollage*
take-over / takeover	*prise de contrôle*
tune	*air* (musique)
valley	*vallée*

Il est possible de fabriquer des noms propres à partir de certains verbes à particule. Par exemple, **to take away food**, *emporter la nourriture*, nous donne **a takeaway**, *un plat* ou *repas à emporter*. Dans le domaine du transport aérien, **to take off**, *décoller*, est à l'origine du substantif **a takeoff**, *un décollage*. Enfin, **to take over a company**, *prendre le contrôle d'une société*, permet de créer **a takeover** (ou **take-over**), *une prise de contrôle*. Ce mécanisme permet d'augmenter facilement son vocabulaire, même s'il ne fonctionne pas systématiquement !

Module 27
CORRIGÉ

Basics

PAGES 259-260 – Le *present perfect* (simple) : affirmatif

1 A 2 C 3 B* 4 A 5 B 6 B 7 A 8 B 9 A 10 B

* Petit piège : avec une expression de temps contenant **time** (**first time**, etc.), n'employez pas le présent, comme en français *(la première fois qu'elle mange)* mais le *present perfect* (**the first time she has eaten**).

PAGES 260-261 – Le *present perfect* : formes interrogative et négative

1 B 2 A 3 C 4 A 5 C

1 B 2 C 3 B 4 A 5 C

VOTRE SCORE :

PAGES 261-263 – Le *present perfect* vs le prétérit

1 A 2 A 3 B 4 C 5 B

1 C 2 C 3 B 4 B 5 B

PAGES 263-264 – Les adverbes avec le *present perfect*

1 B 2 A 3 C 4 A 5 A et B

PAGES 264-265 – L'élimination du pronom relatif

1 B 2 A et B 3 A et C 4 A 5 B

PAGES 265-266 – Les verbes à particule (suite)

1 A 2 B 3 B 4 A 5 C

1 B 2 A 3 B 4 C 5 A

PAGES 266-267 – Vocabulaire thématique : Les carrières et professions

1 B et C* 2 C 3 C** 4 A, B et C*** 5 A, B et C***** 6 B 7 A et C 8 B et C***** 9 B 10 B et C

* Attention : **work** (sans article) signifie *le travail* en général, alors que **a work** veut dire *une œuvre* (artistique). **A job** n'a aucune connotation de *petit boulot*, comme en français.

** **A chauffeur** (accent tonique sur la première syllabe) est *un chauffeur de maître* alors que **a driver** est *un chauffeur professionnel* (camion, etc.) ou bien *un conducteur*.

*** En anglais contemporain, on évite la terminaison **-man** (ou même **-woman**) dans la terminologie de l'emploi. Ainsi, le « vieux » mot pour *un éboueur*, **a dustman** (litt. « homme de poussière ») est remplacé par **a refuse collector** (GB) ou **a garbage collector** (US).

**** Il n'existe pas un seul terme pour traduire *un informaticien*. Les trois propositions de cet exercice sont parmi les appellations les plus courantes. **IT** est l'abréviation de **information technology**, *technologie de l'information* ou *informatique*.

***** **Attorney** n'est pas utilisé en anglais britannique dans le sens de *un avocat*. Cependant, les deux pays ont chacun **an Attorney General**, équivalent plus ou moins au *Procureur général* en Grande-Bretagne et au *Ministre de la justice* aux États-Unis.

0 - 15 À revoir ; **16 - 31** Moyen ; **32 - 49** Formidable ! ; **50 et plus** You're really very good!

Module 28
BASICS

Focus Le *present perfect* : forme continue

Corrigé page 279

Choisissez la bonne formulation.

1. We _____ in this house for twenty years, but at last we _____.
   - A lived – have been moving
   - B have been living – are moving
   - C have been lived – have been moving

2. Ah, there you are! I _____ you everywhere.
   - A have been looking for
   - B have looked for
   - C am looking for

3. It _____. Look, the streets are wet.
   - A was raining for
   - B has been raining
   - C has been rained

4. "Someone _____ in my bed – and he is still there!" said Goldilocks.
   - A has been sleeping
   - B have been sleeping
   - C have sleeping

5. Where's Joe? – He _____ ill for the past few days.
   - A has feeling
   - B is feeling
   - C has been

Astuce Comme pour le *present perfect* simple, la forme continue relie le passé au présent mais insiste sur la continuité de l'action, ou le fait qu'elle vient de finir (**have** + **just** + participe passé). Par ailleurs, un certain nombre de verbes dits « de perception involontaire », dont **to understand** (*comprendre*), **to know** (*connaître*) et **to want** (*vouloir*), n'ont pas de forme continue.

Poursuivons.

1. I _____ Mr Cook for many years. He _____ an excellent book-keeper.
   - A have known – is
   - B have known – has been
   - C know – has been

2. Our journalists _____ the film star's social network feed for months.
   - A has followed
   - B have been following
   - C are following

3. I don't know how long he _____, but _____ time to wake him up.
   - A has been sleeping – it is
   - B is sleeping – has been time
   - C has slept – has been time

4. I realise that she _____ you for a long time.
   - A has been wanted to meet
   - B is wanting to meet
   - C has wanted to meet

5. I _____ about the problem for weeks, but nothing _____ changed.
   - A have been knowing – has
   - B have knowed – has been
   - C have known – has

Focus Le *present perfect* continu : formes négative et interrogative

Choisissez la bonne formulation.

1. What _____ since your last job? – I _____ relaxing.
   - A have you done – am
   - B have you been doing – 've been
   - C have you been doing – am

2. I _____ the news. What has happened?
   - A haven't been following
   - B have been not following
   - C am not following

Module 28
BASICS

Corrigé page 279

3. I'm sorry I'm late. Have _____ long?
   - A you been waiting
   - B you are waiting
   - C you waiting

4. You _____ out of breath. – Yes, I _____.
   - A have been – 've been swimming
   - B have been – I swam
   - C are – 've been swimming

5. Why _____ Tess _____ me? – Because she doesn't like you.
   - A have – been ignoring
   - B is – been ignoring
   - C has – been ignoring

6. Where _____ since the last time that we _____ to them?
   - A have they worked – have been speaking
   - B have they been working – spoke
   - C are they working – have been speaking

7. He really _____ very well recently. He _____ about his health.
   - A hasn't been sleeping – has been worrying
   - B isn't sleeping – has been worrying
   - C hasn't been sleeping – has worried

8. Who _____ my mug? Now it _____ dirty!
   - A is using – has been
   - B has been using – is
   - C has using – has been

9. The team _____ well lately. They _____ five matches so far.
   - A isn't playing – have lost
   - B hasn't been playing – lost
   - C hasn't been playing – have lost

10. How _____ the band _____ money recently? – By _____ their music online.
   - (A) has – been earning – selling
   - (B) is – earning – have been selling
   - (C) has – earning – selling

Focus Le *present perfect* immédiat

Corrigé page 279

Choisissez la bonne formulation.

1. Is Tom in? – No, he _____ but he will be back soon.
   - (A) is just gone out
   - (B) has just gone out
   - (C) has gone just out
2. _____ up? You still look tired!
   - (A) Have you just woken
   - (B) Are you just woken
   - (C) Have just you woken
3. I _____ the name of that actor who I like.
   - (A) 've just remembered
   - (B) 'm just remembering
   - (C) just remembered
4. Why _____ the PM _____ her mind? Is she worried?
   - (A) has – changed just
   - (B) just – has changed
   - (C) has – just changed
5. _____ or are you leaving?
   - (A) Have you just arrived
   - (B) Have just you arrived
   - (C) You have just arrived

Module 28
BASICS

Astuce En utilisant **just** avec le *present perfect*, on insiste sur l'immédiateté d'une action qui vient de se terminer, tout comme *venir de* en français. Cependant, certains anglophones, notamment aux États-Unis, utilisent le passé simple dans le même contexte (**I just spoke** au lieu **I have just spoken**). Il s'agit d'un usage, pas d'une nuance de sens.

Focus *To get* (suite)

Sélectionnez dans la liste l'équivalent du terme placé entre parenthèses.

1. We will (contact) you as soon as possible.
   A get contact with — B get in touch with — C get out of touch

2. I hope that you will (improve your health) quickly
   A get up — B get better — C get back

3. You must (finish) the job (+ preposition) before you go out.
   A get – out — B get – in — C get – done

4. What time do you (return) your walk?
   A get back from — B get through — C get back

5. I (have a good relationship) my work colleagues but we are not close friends.
   A get on — B get on with — C get with

Focus Les prépositions et les conjonctions de temps (suite)

Choisissez la bonne formulation.

1. The stock market has been slowing down _____ September.
   A for — B since — C during

2. The Home Secretary resigned two days _____. She made the announcement _____ a press conference.
   A for – since — B ago – for — C ago – during

3. The factory is closed because the workers have been on strike _____ a fortnight.
   A during — B for — C since

4. How long has Sandra been in France? – She left a week _____.
   (A) ago (B) for (C) since

5. I woke up several times _____ the night because my neighbours were making a noise.
   (A) for (B) during (C) since

Astuce Nous avons vu **for**, **during** (et **while**) en Module 24. **Since** (utilisé avec le *present perfect*) mesure le temps écoulé depuis le point de départ de l'action (*depuis quand ?*), contrairement à **for**, qui précise sa durée (*depuis combien de temps ?*). **Ago** s'emploie toujours avec le passé simple et mesure le temps passé (voir Module 21).

Voici une autre série :

Corrigé page 279

1. The value of the building _____ a lot _____ we bought it.
   (A) has increased – since
   (B) increased – for
   (C) is increasing – during

2. How long _____ in Seattle last year. – _____ six months. Then we moved to Portland.
   (A) did you live – For
   (B) did you live – During
   (C) have you lived – Since

3. Much of the city was destroyed _____ the war one hundred years _____.
   (A) during – ago (B) ago – during (C) for – ago

4. I haven't seen Sam or his wife _____ ages, _____ my last birthday.
   (A) since – for (B) during – since (C) for – since

5. I talked to them _____ an hour _____ their visit six months _____ and I haven't seen them _____ then.
   (A) for – during – ago – since
   (B) during – during – ago – since
   (C) since – during – ago – for

Module 28
BASICS

Focus *Already / Yet / Still*

Choisissez la bonne formulation.

1. Has the mail arrived _____? – No, not _____.
   - A still – yet
   - B yet – yet
   - C still – still

2. It was very late, but the shops were _____ open when we arrived.
   - A yet
   - B already
   - C still

3. I must start sending Christmas cards. It's _____ mid-December and I'm late.
   - A already
   - B yet
   - C still

4. What will you wear to the office party? – I haven't decided _____.
   - A still
   - B yet
   - C already

5. New Zealand has lost the last two matches, but they are _____ in the lead.
   - A still
   - B already
   - C yet

Astuce Il y a trois cas de figure avec les termes **yet**, **still** et **already**. **Yet** est employé dans une phrase négative ou interrogative pour parler de quelque chose qui doit ou aurait dû avoir lieu. **Still** indique que l'action en question n'est toujours pas terminée. **Already** signifie que quelque chose s'est passé plus tôt que prévu. Ce dernier mot est rarement utilisé dans une phrase négative, où il est remplacé par **still** ou **yet**.

Continuons.

1. Are you _____ seeing that guy from Newcastle? – No. He was _____ married.
   - A still – already
   - B already- still
   - C still – yet

2. Have you asked him for a pay rise _____? – No, I _____ haven't talked to him.
   - A yet – still
   - B yet – already
   - C still – yet

3. I've changed my mind. – It's too late. I've _____ bought the tickets.
   - A still
   - B yet
   - C already

4. Zack was _____ working when I said "It's midnight _____" and went to bed.

(A) still – already (B) already – still (C) still – yet

5. I asked him "Have you finished _____?" and he replied "No I _____ haven't finished.

(A) yet – yet (B) still – yet (C) yet – still

Focus Vocabulaire thématique : Les médias et supports

Choisissez la bonne traduction. (Plusieurs réponses sont parfois possibles.)

1. *une chaîne (télévision, radio)*

(A) a channel (B) a station (C) a chain

2. *un sondage*

(A) a sound (B) a check (C) a poll

3. *les grands titres (information)*

(A) the headlines (B) the titles (C) the head titles

4. *les petites annonces*

(A) the small ads
(B) the little advertisements
(C) the classified ads

Corrigé page 279

5. *un téléspectateur*

(A) a spectator (B) a viewer (C) a watcher

6. *une série*

(A) a series (B) a sery (C) a serie

7. *un présentateur (journal télévisé)*

(A) a journalist (B) a front man (C) an anchor

8. *diffuser*

(A) to diffuse (B) to defuse (C) to broadcast

Module 28
VOCABULARY

9. *en direct*

Ⓐ directly Ⓑ live Ⓒ lively

10. *l'actualité*

Ⓐ current affairs Ⓑ actual affairs Ⓒ current questions

Verbes

to be / go on strike	*être / se mettre en grève*
to get back (from) **to be back**	*revenir, rentrer (de)* *être de retour*
to get better	*aller mieux, récupérer* (santé)
to get in touch with	*contacter*
to get on with	*s'entendre avec*
to get up	*se lever*
to ignore ✋!	*ne pas tenir compte de*
to look + adjectif	*avoir l'air*
to realise (GB)	*se rendre compte (de)*

Adverbes, pronoms, etc.

everywhere	*partout*
just + *verbe au present perfect*	*venir de...* **I have just finished**, *Je viens de terminer.*

Noms

book-keeper	*comptable* (voir Module 22)
breath	*haleine*
Home Secretary (GB)	*Ministre de l'intérieur* **À noter :** Pas d'équivalent direct aux États-Unis.
pay rise	*augmentation de salaire* (« paie »)
PM	*Prime Minister* (voir Module 3) **À noter :** Ne pas confondre avec **pm** (**post meridiem**, voir Module 9).

Module 28
CORRIGÉ

VOTRE SCORE :

Basics

PAGES 270-271 – Le *present perfect* : forme continue

1 B 2 A 3 B 4 A* 5 C

1 A 2 B 3 A 4 C 5 C

* **Goldilocks**, *Boucles d'or*. Il faut connaître ses classiques !

PAGES 271-273 – Le *present perfect* continu : formes négative et interrogative

1 B 2 A 3 A 4 C 5 C 6 B 7 A 8 B 9 C 10 A

PAGE 273 – Le *present perfect* immédiat

1 B 2 A 3 A 4 C 5 A

PAGE 274 – **To get** (suite)

1 B 2 B 3 C 4 A 5 B*

* À ne pas confondre avec **to get on**, *monter* dans un moyen de transport (voir Module 15).

PAGES 274-275 – Les prépositions et les conjonctions de temps (suite)

1 B 2 C 3 B 4 A 5 B

1 A 2 A 3 A 4 C 5 A

PAGES 276-277 – **Already / Yet / Still**

1 B 2 C* 3 A 4 B 5 A

1 A 2 A 3 C 4 A 5 C

* Grammaticalement, la réponse b) serait correcte mais la logique serait fausse (*déjà ouverts* au lieu de *toujours ouverts*).

PAGES 277-278 – Vocabulaire thématique : Les médias et supports

1 A et B* 2 C 3 A 4 A et C** 5 B 6 A*** 7 C 8 C**** 9 B 10 A*****

* On dit **a television** (ou **TV**) **channel** mais **a radio station**.

** **Ad**, apocope de **advertisement**, est très utilisé en anglais courant.

*** Voir Module 12. Le nom **series** est à la fois singulier et pluriel

**** **To cast**, *jeter*, *lancer* ; **broad** (adj.), *large* (On retrouve la même notion dans *à large diffusion*, et nous retrouvons la même structure dans l'anglicisme *un podcast*.)

***** Le sens du terme anglais est plus large que notre notion de *l'actualité*, qui se traduit plutôt par **news**.

Vous avez obtenu entre 0 et 15 ? Reprenez chaque question en regardant les endroits où vous avez fait des erreurs.

Vous avez obtenu entre 16 et 31 ? C'est très moyen, mais ne vous découragez pas.

Vous avez obtenu entre 32 et 49 ? Formidable ! Analysez les erreurs et, si besoin, révisez la ou les notions que vous ne maîtrisez pas complètement.

Vous avez obtenu 50 et plus ? You're really very good!

Module 29
BASICS

Focus Le passif affirmatif

Choisissez la bonne formulation.

1. My son _____ a place at art college but, in the end, he did not go.
   A is offered B was offered C was offer

2. People _____ to purchase first-class tickets because the trains are full.
   A are being encouraged
   B be encouraged
   C is being encouraged

3. I _____ last week by the head of purchasing about a promotion.
   A was contacted B have been contacted C have contacted

4. According to the local news site, the shop _____ by a local businessman.
   A has bought B has been bought C has was bought

5. The Los Angeles Theater _____ in less than six months.
   A is built B was builded C was built

Astuce La structure du passif en anglais est identique à celle en français (**to be** + participe passé). Si le verbe est à la forme continue, généralement au temps présent et passé simple, il suffit d'ajouter **being**.

Poursuivons.

1. The packages that _____ on Monday _____ yet.
   A I have ordered – were not delivered
   B I ordered – have not been delivered
   C I ordered – were not

Corrigé page 290

2. A lawyer _____ present when the suspect _____ by the police.
   A has been – was being question
   B can being – is being questioned
   C can be – is being questioned

3. You _____ by our staff as soon as possible.
   (A) will be contacted (B) have been contacted (C) are contacted

4. We _____ that part-time workers will receive a pay rise.
   (A) have been just informed
   (B) have just been informed
   (C) just were informed

Corrigé page 290

5. Five people _____ in last night's crash but no one _____.
   (A) have been injured – is killed
   (B) were injured – was killed
   (C) have been injured – have been killed

Focus Le passif : formes négative et interrogative

Choisissez la bonne formulation.

1. The missing child _____ for more than a fortnight.
   (A) has not been seen (B) is not seen (C) has not seen

2. You _____ in time. Dinner _____ yet.
   (A) were just – is not served
   (B) are just – is not been served
   (C) are just – has not been served

3. Sheets and towels _____ every day during the winter season.
   (A) will not be changed
   (B) will be not changed
   (C) not will be changed

4. When _____ the Oscar nominations _____? – Not until next week.
   (A) are – be announced
   (B) will – be announced
   (C) will be – announced

5. You can delete a message if it _____.
   - **A** has not been read
   - **B** has been not read
   - **C** is not been read

Corrigé page 290

Astuce Si l'on emploie les formes contractées (**hasn't**, **won't**, etc.) avec le passif, elles sont suivies immédiatement du pronom et ensuite du participe passé (**hasn't he been**, etc.).

Voici une autre série :

1. _____ anything to eat or drink? – No, not yet.
   - **A** Are you offered
   - **B** Have you been offered
   - **C** Are you been offered

2. Several bicycles _____, and the thieves _____.
   - **A** have been stolen – have not been found
   - **B** are stolen – have not founded
   - **C** have been stolen – are not found

3. Where exactly _____ in Florida? – In Polk County.
   - **A** are oranges grown
   - **B** are oranges have been grown
   - **C** are oranges growed

4. An error _____ and your purchase _____.
   - **A** is occurred – has not been completed
   - **B** has been occurred – is not yet completed
   - **C** has occurred – has not been completed

5. Why _____ about his opinion on this issue?
   - (A) has he been not asked
   - (B) hasn't he been asked
   - (C) has not he asked

Focus Le passif : structure sans sujet

Transformez les phrases actives à la voix passive, en omettant le sujet souligné.

1. <u>Somebody</u> has stolen our camera. → Our camera _____.
   - (A) is stolen
   - (B) has been stolen
   - (C) has stolen

2. My aunt gave me a pair of socks. → I _____.
   - (A) was gave a pair of socks by my aunt
   - (B) was given a pair of socks by my aunt
   - (C) has gave a pair of socks by my aunt

Corrigé page 290

3. <u>The salesman</u> offered us a reduction. → We _____.
   - (A) were offered a reduction by the salesman
   - (B) we're offered a reduction by the salesman
   - (C) offered a reduction by the salesman

4. <u>Somebody</u> is serving us, thank you. → We're _____.
   - (A) been served, thank you
   - (B) were being served, thank you
   - (C) being served, thank you

5. <u>My friend Bill</u> serves white wine with cheese. → White wine _____.
   - (A) with cheese is served
   - (B) has been served with cheese
   - (C) is served with cheese

Module 29
BASICS

Astuce Le passif est souvent utilisé pour traduire le pronom personnel indéfini *on* (voir aussi le Module 13), notamment sur les panneaux de signalisation : *Ici on parle anglais*, **English spoken here** ou encore *On n'accepte pas les chèques*, **Cheques not accepted**.

Continuons.

1. They speak English and French in Canada. → English and French _____.
   - A is spoken in Canada
   - B have been spoken
   - C are spoken in Canada

2. The team has cancelled the match. → The match _____.
   - A has cancelled
   - B has been cancelled
   - C is be cancelled

3. The painters will finish the work tomorrow. → The work _____.
   - A will be finished tomorrow
   - B will finish tomorrow
   - C will have finished tomorrow

4. The children have emptied the dishwasher. → The dishwasher _____.
   - A is emptied
   - B have emptied
   - C has been emptied

5. The press contacted me. → I was _____.
   - A contacted by the press
   - B contact by the press
   - C be contact by the press

Corrigé page 290

Focus Les conjonctions temporelles

Choisissez la bonne formulation.

Corrigé page 290

1. I _____ you when _____ at the tube station.
   - A will text – I arrive
   - B text – I will arrive
   - C will text – I will arrive

2. As soon as _____ the money, _____ you the goods.
   - A we will receive – we will send
   - B we receive – we will send
   - C we received – we send

3. We _____ until _____ from you.
   - A won't do anything – we'll hear
   - B don't do anything – we'll hear
   - C won't do anything – we hear

4. When _____ for an interview?
   - A you will be available
   - B will you be available
   - C will you available

5. Which poem begins: "When _____, and grey and full of sleep"?
   - A you will be old
   - B you are old
   - C you'll be old

6. _____ as soon as _____ the ironing.
   - A I've helped you – I've finished
   - B I help you – I'll finished
   - C I'll help you – I finish

7. When _____ at the airport, I _____ for you at the entrance.
   - A you arrive – will be waiting
   - B you will arrive – will wait
   - C you arrive – wait

8. The developers _____ support for the program as soon as _____ that it works.

Ⓐ provide – they will be sure

Ⓑ will provide – they are sure

Ⓒ will provide – they'll be sure

Corrigé page 290

9. Until _____ the device yourself, you _____ if it's suitable for you.

Ⓐ you have try – will not know

Ⓑ you will try – won't know

Ⓒ you try – won't know

10. I _____ with them as long as I _____ welcome. – What, five minutes?

Ⓐ will stay – will be Ⓑ will stay – am Ⓒ will stay – be

Astuce Dans ce type de phrase, et contrairement au français, seul le verbe dans la proposition principale se conjugue au futur (**will**). Celui de la proposition subordonnée est au présent, notamment après **when** *(quand)*, **until** *(jusqu'à)*, **as soon as** *(dès que)*, etc.

Focus Les verbes à particule (suite)

Choisissez l'équivalent correct au verbe / à l'expression entre parenthèses.

1. Who will (occupy) the children this evening?

Ⓐ look after Ⓑ look on Ⓒ look through

2. It's so nice to (receive your email/phone call, etc.).

Ⓐ hear from you Ⓑ hear of you Ⓒ hear at you

3. The firework display has been (cancelled).

Ⓐ called on Ⓑ called off Ⓒ called in

4. I must (search for) that word in the dictionary.

Ⓐ look up Ⓑ look out Ⓒ look to

5. I will (reimburse you) as soon as I can.

Ⓐ pay to you Ⓑ pay you up Ⓒ pay you back

Focus *What / That / Which* (suite)

Choisissez le mot qui convient. (Plusieurs réponses peuvent être possibles.)

1. Tell me _____ you eat and I will tell you who you are.
   A what B which C that
2. I'll give her _____ she wants. But tell her _____ it's the last time.
   A what – that B that – what C what – which
3. _____ of these two bags do you want to borrow? – The one _____ you don't use.
   A Which – what B What – what C Which – which
4. _____ they told me is _____ they were very satisfied.
   A What – which B Which – that C What – that
5. Yes, they're very pleased with _____ they saw, _____ is good news.
   A what – what B what – which C what – that

Astuce La confusion vient du fait que **which** est à la fois un adjectif interrogatif (*Quel ?*, *Lequel ?*, etc.) et un pronom (*quel*, *lequel* mais aussi *qui/que* et *celui/celle*). Il faut donc bien identifier la fonction grammaticale. Rappelons que lorsqu'il est utilisé comme un pronom relatif, **which** peut être remplacé par **that** (voir Module 27).

Focus Vocabulaire thématique : Les médias sociaux

Choisissez la bonne traduction. (Plusieurs réponses peuvent être possibles.)

1. *un(e) internaute*
   A an internet user B a netizen C a surfer
2. *un pseudo*
   A a handle B a pseudonym C a nickname
3. *les paramètres (compte, logiciel)*
   A parameters B settings C set-ups
4. *un fil (séries de messages)*
   A a wire B a thread C a cord

5. *mettre à jour (compte, informations)*
   - A to upday
   - B to upload
   - C to update

6. *se déconnecter*
   - A to log out
   - B to sign out
   - C to deconnect

7. *un flashcode*
   - A a flash code
   - B a fast code
   - C a quick recognition code

Corrigé page 290

8. *un tableau de bord*
   - A a board table
   - B an indicator
   - C a dashboard

9. *un(e) connaissance (réseau social)*
   - A a knowledge
   - B an acquaintance
   - C a friend

10. *un compte*
   - A a count
   - B an invoice
   - C an account

Bien que le vocabulaire de la Toile soit dominé par l'anglais et ses néologismes (**to unfriend** *etc.*) *et que le français ait adopté sans vergogne des termes comme « liker » ou « podcaster », il existe néanmoins une terminologie française qui a droit de cité sur les réseaux sociaux (par exemple,* amiradier *pour* **unfriend***).*

Verbes

to suspect	*soupçonner*
to be in time **to be on time**	*être à l'heure* (avoir le temps) *être à l'heure prévue*
to delete	*effacer*
to occur	*se produire*, *arriver*
to steal, **stole**, **stolen**	*voler* (larcin)
to empty	*vider*
to iron / **do the ironing**	*faire le repassage*
to look after	*s'occuper de*
to call off	*annuler*
to look up	*regarder vers le haut*, *chercher une information dans un ouvrage de référence*

Noms

goods (toujours pluriel)	*marchandise(s)*
head	*chef* (hiérarchie)
issue	*question*, *point*, *problème*, etc.
poem **poet** **poetry**	*poème* *poète* *poésie*
purchasing	*achats*
salesman, **saleswoman**, **salesperson**	*vendeur*, *vendeuse*, *vendeur/-se*
sheet (linge)	*drap*
thief (pl. **thieves**)	*voleur*

Adjectifs

missing	*manquant*, *disparu*
several	*plusieurs*

Module 29
CORRIGÉ

Basics

VOTRE SCORE :

PAGES 280-281 – Le passif affirmatif
1 B 2 A 3 A 4 B 5 C
1 B 2 C 3 A 4 B 5 B

PAGES 281-283 – Le passif : formes négative et interrogative
1 A 2 C 3 A 4 B 5 A
1 B 2 A 3 A 4 C 5 B

PAGES 283-284 – Le passif : structure sans sujet
1 B 2 B 3 A 4 C 5 C
1 C 2 B 3 A 4 C 5 A

PAGES 285-286 – Les conjonctions temporelles
1 A 2 B 3 C 4 B 5 B* 6 C 7 A 8 B 9 C 10 B
* Cette citation est la première ligne d'un beau poème écrit par le grand écrivain irlandais W.B. Yeats, inspiré par les vers de Ronsard (*Quand vous serez bien vieille...*).

PAGE 286 – Les verbes à particule (suite)
1 A 2 A 3 B 4 A 5 C

PAGE 287 – **What / That / Which** (suite)
1 A 2 A 3 C* 4 C 5 B
* **That** peut remplacer le deuxième **which** (voir Astuce).

PAGES 287-288 – Vocabulaire thématique : Les médias sociaux
1 A, B et C* 2 A et C** 3 B 4 B*** 5 C 6 A et B 7 C**** 8 C 9 B
10 C*****
* Le français se contente souvent d'un seul nom générique pour représenter plusieurs éléments d'un même domaine (ex. les sports de glisse), alors que l'anglais permet une analyse plus fine. Ainsi, les trois réponses ici correspondent toutes au mot *un internaute*.
** En dehors des réseaux sociaux, **a nickname** signifie aussi *un petit nom*. Le sens littéral de **a handle** est *une poignée* ou *un manche*, par laquelle on peut « saisir », ou identifier, celui ou celle qui l'adopte.
*** Les trois mots traduisent tous un fil (**wire**, *fil de fer* ; **cord**, *fil électrique*) mais **a thread** est le terme qui convient dans ce contexte.
**** Connu plus communément sous l'appellation **a QR** [kiou ahh] **code**.
***** **a count**, *un comte*

Vous avez obtenu entre 0 et 15 ? Reprenez chaque question en regardant les endroits où vous avez fait des erreurs.
Vous avez obtenu entre 16 et 31 ? C'est très moyen, mais ne vous découragez pas.
Vous avez obtenu entre 32 et 49 ? Formidable ! Analysez les erreurs et, si besoin, révisez la ou les notions que vous ne maîtrisez pas complètement.
Vous avez obtenu 50 et plus ? You're really very good!

Focus *To get* : avec le participe passé

Choisissez la bonne formulation.

1. Arthur and Liza _____ in a church but they _____ in Las Vegas.
   - (A) got married – got divorced
   - (B) married themselves –divorced themselves
   - (C) got marry – got divorce

Corrigé page 300

2. Reggie is unemployed? – Yes, he _____ last week.
   - (A) get fired (B) got fired (C) get unemployed

3. Los Angeles is so big. I _____ every time that I visit.
   - (A) get lose myself (B) get loose myself (C) get lost

4. I need to take a shower and _____ before I go out to dinner.
   - (A) get changed (B) get a change (C) get replaced

5. I'm sorry that we are late. We _____ in traffic in Commercial Road.
   - (A) get stick (B) got stuck (C) got sticked

Astuce Suivi d'un participe passé, **to get** correspond souvent à un verbe pronominal en français (**to get married**, *se marier* ; **to get tired**, *se fatiguer*, etc.). N'oubliez pas que le participe est invariable.

Poursuivons.

1. There was a lot of beer at the party and we _____ very quickly.
   - (A) get drinks (B) got drunk (C) get drink

2. I'm broke and I don't _____ until the end of the month.
   - (A) got paid (B) get paid (C) got my pay

3. We have to reach Bristol in an hour. We must _____ immediately.
   - (A) get gone (B) get parted (C) get started

4. Five workers _____ in an explosion yesterday.

   (A) got injured

   (B) get injured

   (C) were getting injured

5. Because of their illness, some patients _____ very quickly.

   (A) get tire (B) get tiring (C) get tired

Focus Formules de politesse

Choisissez la formulation qui correspond le plus à la phrase donnée en français. (Plusieurs réponses peuvent être possibles.)

1. *Puis-je vous présenter notre invité, Samuel Fuller ?*

   (A) Can I show you our host, Samuel Fuller?

   (B) May I introduce our guest, Samuel Fuller?

   (C) Can I present our invite, Samuel Fuller?

2. *De rien / Je vous en prie.*

   (A) You're welcome. (B) For nothing. (C) Don't mention it.

3. *Bien cordialement.*

   (A) Nice and cordial. (B) Best regards. (C) Kind thought.

4. *Pouvons-nous laisser un message, s'il vous plaît ?*

   (A) May we leave a message please?

   (B) Can we leave a message please?

   (C) Can we left a message, please?

Corrigé page 300

5. *Comment puis-je vous aider ?*

   (A) How may I be of assistance?

   (B) How may I to help?

   (C) How can I aid you?

Astuce Dans l'usage courant, et notamment la correspondance, l'anglais est moins formel que le français. Il existe néanmoins certaines formulations ou réponses qui peuvent être utiles (voir ci-après). Les souhaits qui en français commencent avec *Bon…* (*voyage*, *appétit*, etc.) sont souvent traduits par **Have a(n)…** mais certains sont repris « dans le texte » en anglais, selon le milieu social.

Voici une autre série :

1. *Bonjour madame.*
   - A Good morning madam.
   - B Good night madam.
   - C Have a good morning madam.

Corrigé page 300

2. *Veuillez agréer l'expression de mes sentiments respectueux.*
   - A Please agree to my respectful feelings.
   - B Yours faithfully.
   - C Please accept me truly.

3. *Bonne route.*
   A Drive safely. B Safe journey. C Have a safe journey.

4. *Bon voyage !*
   A Have a nice voyage. B Enjoy your trip. C Have a good trip.

5. *Bon appétit !*
   A Enjoy your meal. B Bon appétit! C Good appetite!

Focus Expressions utiles pour une conversation téléphonique

Choisissez le mot ou la tournure qui correspond au français. (Plusieurs réponses peuvent être possibles.)

1. *Ne quittez pas, s'il vous plaît.*
   A Please hold. B Please hang. C Hold on please.

2. *Elle peut me joindre à ce numéro.*
   - A She can join me at this number.
   - B She can reach me at this number.
   - C She can reach I at this number.

Corrigé page 300

3. *Qui est à l'appareil ?*
   - A Who calls?
   - B Who is calling?
   - C Who is at the phone?

4. *C'est à quel propos ?*
   - A Who is this regarding?
   - B This is about what subject?
   - C What is this regarding?

5. *Il n'est pas à son bureau.*
   - A He's not at his desk.
   - B He's away from his desk.
   - C He's not to his office.

Astuce Comme en français, le langage téléphonique professionnel est codifié : il suffit d'apprendre une dizaine d'expressions pour accomplir les formalités. Préférez **May I...?** à **Can I...?** dans une situation formelle (voir Module 12), et notez les expressions de base (**I'll put you through**, **Please hold**, etc.).

Voici une autre série :

1. *Puis-je parler au directeur ?*
   - A Can I speak to the manager?
   - B May I speak to the manager?
   - C Might I to speak to the manager?

2. *La ligne est occupée.*
   A The line is busy. B The line is engaged. C The line is occupied.

3. *Je vous transfère tout de suite.*
   A I'll put you up straight away.
   B I'll put you through straight away.
   C I'll transfer you immediately.

Corrigé page 300

4 *Qui dois-je annoncer ?*
   A Who may I say is calling?
   B Who must be calling?
   C Who may I announce?

5. *Mme Durant est occupée avec un client.*
   A Mrs Durant is tied with a customer.
   B Mrs Durant is tied up with a customer.
   C Mrs Durant is tied to a customer.

6. *Ils peuvent me joindre à ce numéro.*
   A They can reach to me at this number.
   B They can join me at this number.
   C They can reach me at this number.

Focus Les verbes irréguliers (passé et *present perfect*)

Mettez ces verbes au passé simple (PS) ou au present perfect *(PP) :*

1. The game is over because the referee (to blow, PP) the whistle.
   A has blew B has blown C has blewn

2. Did you take the tram? – No, we (to drive, PS).
   A driven B drove C drive

3. He was a songwriter who (to write, PS) hits for other artists.
   A wrote B written C writ

4. The market for organic food (to grow, PP) quickly in the last ten years.
   (A) has grew (B) has grow (C) has grown

5. She (to wear, PS) a yellow skirt and a red coat when she went to the reception.
   (A) wire (B) worn (C) wore

Astuce Comme précisé en Module 18, les verbes irréguliers peuvent être divisés en plusieurs groupes suivant un même modèle : passé simple et participé passé se terminant par **-ough**t / **-aught** (**think**, **bring**) ; passé simple formé avec « **o** » intermédiaire et le participe avec « -n » (**to break**, **to speak**) ; le **« ee »** intermédiaire devenant un « e » simple pour le passé et le participe (**to keep**, **to sleep**). En mémorisant ces différentes structures, les verbes « forts » sont plus faciles à apprendre.

Poursuivons.

1. Good morning doctor. I (to come, PP) to see you about my headaches.
   (A) 've came (B) 've come (C) ' s come

2. Liam is a great guy. We (to know, PP) him since we were at high school.
   (A) have knew (B) have know (C) have known

3. I (to ring, PP) Jim three times this morning but he is not answering his phone.
   (A) have rung (B) has ring (C) have ringed

4. I (to think, PP) a lot about my future career but I don't know what to do.
   (A) have thunk (B) have thought (C) have though

5. Ouch! I (to hit, PS) my knee on the table and it hurts.
   (A) hat (B) hit (C) hot

Focus Les prépositions / adverbes de mouvement et de direction (suite)

Complétez les phrases suivantes à l'aide du terme ou de l'expression correcte.

1. Come _____ the house. It's starting to rain.
   (A) inside (B) outside (C) at

2. We walked _____ the beach then went for a swim.
   (A) into (B) along (C) behind

3. Her dream is to sail _____ the world in forty days.
   A through B about C around

4. Hurry up, the limousine is waiting _____ the main entrance.
   A upside B outside C above

5. I have left the door key _____ a flower pot near the window.
   A along B over C underneath

6. I saw a van coming _____ me at very high speed.
   A to B towards C award

7. The cat jumped _____ the table and started to eat my sandwich.
   A into B onto C to

8. What was the first bridge _____ the Thames? – Tower Bridge.
   A cross B across C criss-cross

9. You must be tired, going _____ the stairs all day.
   A up and down B in and out C down and up

10. Mac went _____ all day between the kitchen and the back yard to organize the barbecue.
   A in and out
   B backwards and forwards
   C inside and outside

Corrigé page 300

Astuce Certains de ces mots sont à la fois préposition et adverbe (**across**, **along**, **around**, **outside**, **underneath**, **across**). En revanche, **backward** et **forward** sont des adjectifs, auxquels on ajoute un « s » pour former un adverbe : **backwards**, **forwards**.

Focus Vocabulaire thématique : La téléphonie

Choisissez la bonne traduction. (Plusieurs réponses peuvent être possibles.)

1. *une touche dièse*
   A a hash key B a pound key C a sharp key

2. *un cadran*
   A a dial B a face C a lace

3. *décrocher (téléphone)*
   - A to unhook
   - B to pick up
   - C to disconnect

4. *un indicatif*
   - A a theme tune
   - B a code
   - C an indicative

5. *un clavier (téléphone)*
   - A a keypad
   - B a keyboard
   - C a key set

6. *les renseignements téléphoniques*
   - A directory enquiries
   - B number information
   - C directory assistance

7. *sans abonnement (forfaits, etc.)*
   - A subscriptionless
   - B prepaid
   - C pay-as-you-go

8. *un abonnement (téléphonie)*
   - A a line rental
   - B a subscription
   - C pay-all-the-time

9. *numéro surtaxé*
   - A extra charge number
   - B overtaxed number
   - C premium rate number

Corrigé page 300

10. *une recharge*
   - A a top-up
   - B a reload
   - C a recharge

Verbes — VOCABULARY

to get changed	*se changer* (vêtements)
to get drunk	*se saouler*
to get fired	*se faire renvoyer*
to get lost	*se perdre*
to get paid	*être / se faire payer*
to get stuck	*être coincé, immobilisé*
to get tired	*se fatiguer*

to reach	*atteindre, joindre au téléphone*
to stick, stuck, stuck	*coller, se coincer*
to tie up **to be tied up with**	*ficeler, attacher* *être occupé avec*

Adverbes, pronoms, etc.

across	*d'un côté à l'autre, en travers de*
along	*le long de*
backwards **forwards** **backwards and forwards**	*vers l'arrière, en arrière* *en avant, vers l'avant* *de long en large*
behind	*derrière*
inside / outside	*à l'intérieur de / à l'extérieur de*
right away, straight away	*tout de suite*
towards	*vers*
underneath	*en dessous*

Noms

church	*une église*
thought	*pensée*
yard	*cour, jardin* (US)

Adjectifs

loose	*desserré, lâche* **À noter :** Ne pas confondre avec **lose**, *perdre*.

Module 30
CORRIGÉ

Basics

VOTRE SCORE :

PAGES 291-292 – **To get** : avec le participe passé
1 Ⓐ 2 Ⓑ 3 Ⓒ 4 Ⓐ 5 Ⓑ
1 Ⓑ 2 Ⓑ 3 Ⓒ 4 Ⓐ 5 Ⓒ

PAGES 292-293 – Formules de politesse
1 Ⓑ 2 Ⓐ et Ⓒ* 3 Ⓑ 4 Ⓐ et Ⓑ** 5 Ⓐ
1 Ⓐ 2 Ⓑ 3 Ⓐ, Ⓑ et Ⓒ 4 Ⓐ, Ⓑ et Ⓒ 5 Ⓐ et Ⓑ
* **You're welcome** (litt. « vous êtes bienvenu ») est plutôt américain.
** **May I** est plus soutenu que **Can I**.

PAGES 293-295 – Expressions utiles pour une conversation téléphonique
1 Ⓐ et Ⓒ 2 Ⓑ 3 Ⓑ 4 Ⓒ 5 Ⓐ et Ⓑ*
1 Ⓐ, Ⓑ et Ⓒ** 2 Ⓐ et Ⓑ*** 3 Ⓑ 4 Ⓐ 5 Ⓑ 6 Ⓒ
* *Un bureau* se traduit de deux façons : **a desk** (le meuble) et **an office** (la pièce). On peut dire **He's not in his office** si la personne a quitté cette pièce.
** Par ordre de politesse croissante.
*** Le premier est britannique, le second américain.

PAGES 295-296 – Les verbes irréguliers (passé et *present perfect*)
1 Ⓑ 2 Ⓑ 3 Ⓐ 4 Ⓒ 5 Ⓒ
1 Ⓑ* 2 Ⓒ 3 Ⓐ** 4 Ⓑ 5 Ⓑ
* La conjugaison irrégulière de **to come** s'applique à **to become** (*devenir*) et **to overcome** (*surmonter*) mais pas à **to welcome** (*accueillir*).
** La conjugaison irrégulière de **to sing** s'applique à **to ring** (*sonner*).

PAGES 296-297 – Les prépositions / adverbes de mouvement et de direction (suite)
1 Ⓐ 2 Ⓑ 3 Ⓒ 4 Ⓑ 5 Ⓒ* 6 Ⓑ 7 Ⓑ 8 Ⓑ 9 Ⓐ 10 Ⓑ**
* Ou **under** (voir Module 10).
** Ou **back and forth**, ce dernier mot étant la forme ancienne de **forward**.

PAGES 297-298 – Vocabulaire thématique : La téléphonie
1* Ⓐ et Ⓑ 2** Ⓐ et Ⓑ 3 Ⓑ 4 Ⓑ 5 Ⓐ 6*** Ⓐ et Ⓒ 7 Ⓑ et Ⓒ 8 Ⓐ** 9 Ⓒ
10 Ⓐ****
* a) = US, b) = GB. Notez que **sharp** signifie *dièse* dans un contexte musical (**C sharp** *do dièse*).
** **Face** est le terme consacré pour le *cadran* d'une horloge, etc. Même si de moins en moins de téléphones comportent **a dial**, ou *un cadran* « à l'ancienne », on utilise toujours le verbe **to dial** pour *composer* un numéro.
*** a) = GB ; c) = US. Le nom **enquiries** s'écrit parfois **inquiries**, même s'il y a une petite différence de sens entre les deux mots.
**** On dit bien **to recharge a battery** *recharger une pile*, mais le sens de **to reload** est de *recharger* le téléphone en crédits.

0 - 15 À revoir ; **16 - 31** Moyen ; **32 - 49** Formidable ! ; **50 et plus** You're really very good!

Dépôt légal : mai 2019 N° d'édition : 3866
ISBN : 978-2-7005-0832-1

Achevé d'imprimer en Slovénie par
DZS Grafik - mai 2019
www.assimil.com